Totuudenetsijälle

O M I S T E T T U
Totuuden etsijälle

Kari B Lilja

Kustannus Oy Aprikoosi

Copyright © Kari B Lilja
Kannen graafinen suunnittelu Mika Lilja
Kustantaja: Kustannus Oy Aprikoosi
Valmistaja: BoD - Books on Demand,
Norderstedt, Saksa 2020

2. painos

1. painos julkaistu aiemmin sähköisenä
nimellä Ihmisen kysymyksiä.

ISBN 978-952-69465-7-3 (nid.)
ISBN 978-952-69465-1-1 (sid.)
ISBN 978-952-69465-2-8 (pdf)
ISBN 978-952-69465-3-5 (epub)

SISÄLLYS

Lukijalle

Kaiken olevaisen ihmettely on ajattelevan ihmisen ominaisuus. Miksi olen olemassa ja mitä tarkoitusta varten, onko edes mitään tarkoitusta? Se tiedetään, eikä tästä ole kuultu eriäviä näkemyksiä, että me kaikki kuolemme. Mitä tapahtuu kuoleman jälkeen? Siitä on olemassa erilaista ajattelua. Yksi synkimmistä selitysmalleista on, että on vain mustaa ei mitään muuta. Positiivisissa malleissa kuljetaan kohti huikaisevaa valoa ja koetaan rakkauden tunteita, voidaan jopa kehittyä ikuisesti - Jumalan kaltaiseksi. Varmaa, tieteelle kelpaavaa faktaa ei tästä aiheesta ole olemassa.

Kuolema kuuluu oleellisena osana elämään. Ainakin silloin kun olemme saattamassa edesmennyttä sukulaista haudan lepoon, ajattelemme mitä kuolemassa oikein tapahtuu. Sitten, hyvin nopeasti työnnämme ajatuksen pois häiritsemästä ja palaamme päiväjärjestykseen. Kuolema ei kuulu meidän elämäämme.

Valoa synkkiin ajatusmalleihin, ettei kuoleman jälkeen olisi muuta kuin mustaa, tarjotaan uskonnon ja kirkon taholta. Siis kirkkojen taholta.

Suomessa toimii kaksitoista kristillistä kirkkoa, kun kristillisyys määritellään siten, että Raamattu on uskonopin taustana. Ja miksi ei määriteltäisi? Samasta lähteestä, Raamatusta, nousee monenlaista ajattelua ja opinselitystä. Eikä nämä kaksitoista Suomessa toimivaa kirkkoa ole kuin pieni näyte kristillisyyden moninaisuudesta. Kristillisyydelle on ominaista, että jatkuvasti syntyy uusia ryhmäkuntia, jotka ovat löytäneet jotain niin oleellista uutta, etteivät sovi mukaan mihinkään jo olevista kirkoista tai lahkoista, vaan ovat pakotettuja perustamaan oman ryhmänsä.

Kristillisten oppien moninaisuus ja sinänsä hyvää tarkoittavien kirkkojen erilaisuus vesittää kristillisen maailmankatsomuksen uskottavuutta ja siten ruokkii ateistista maailmankuvaa.

Miten tähän tilanteeseen on tultu? Vastausta on haettava kristillisyyden alusta lähtien. Tässä tarkastellaan kristillistä historiaa luopumuksen näkökulmasta, nojataan vahvasti James E. Talmagen teokseen Suuri luopumus ja tehdään lainauksia. Joidenkin on täytynyt luopua alkuperäisestä opista, sillä eiväthän kaikki erimieliset voi olla oikeassa?

Kirkkojen virallisille edustajille esitettiin vastattaviksi kymmenen kysymysaihetta, yhteensä kolmekymmentäviisi kysymystä - tavallisia ihmisen kysymyksiä. Kirkoilla on tässä puheenvuoro.

Lukuun ottamatta historiaa, kirkkoja ei arvioida eikä aseteta mihinkään paremmuusjärjestykseen. Mitkä kirkot antavat uskottavimmat vastaukset? Ovatko jotkut enemmän oikeassa kuin toiset? Sen arviointi kuuluu lukijalle.

Kristityn kuluttajasuojan kannalta jokaisen kristityn on oleellista tietää millainen kirkon oppi on keskeisissä kysymyksissä.

Tarkastelun kohteena on kristillisyys alusta alkaen, päätyen tämän päivän Suomeen.

Kari B Lilja

Kaikki ovat uskovaisia

Siis kaikki ajattelevat ihmiset ovat uskovaisia. Jokainen joskus kysyy perimmäisiä kysymyksiä: Mikä on elämän tarkoitus? Mikä on minun elämäni tarkoitus? Onko tämä kaikki sattumaa vai onko taustalla jokin suurempi suunnitelma? Onko Jumala olemassa? Tiedän, että kuolen, mitä silloin tapahtuu? Onko kuoleman jälkeen elämää? Millaista kuoleman jälkeinen elämä on, jos on? Oliko kaikki vain tässä, eikö muuta ole?

Kukaan ei voi välttää vanhenemista ja lopulta kuolemaa. Tästä ihmiset ovat samaa mieltä. Yhtäältä on lohdullista kuolla ja aikanaan päästä pois maailman vaivoista. Toisaalta taas tuntematon pelottaa. Olenko elänyt hyvän elämän, että voin kuolla rauhassa? Saanko rangaistuksen eletystä elämästäni? Millaisen muiston jätän itsestäni? Olenko vastuussa siitä mitä omaisuuteni saa aikaan maailmassa? Omaisuudella ei olekaan minulle niin suurta merkitystä – en saa mitään mukaani.

Toisia puhuttelee tieteellinen selitysmalli

Luonnontieteilijän mielestä ensimmäisen elävän olennon nimi on Eeva, hän on kaikkien elävien äiti, molekyyliketju, yksinkertaistettu versio nykyisestä RNA:sta. Tässä Eevalla tarkoitetaan molekyylirypästä, joka alkoi kopioida itseään. Kopiointi sai lopulta valtavat mittasuhteet ja tästä elämän muodot saivat alkunsa.

Tämä ajatusmalli on sen verran hyvä, että kannattaa yrittää todistaa se käytännössä oikeaksi. Tieteilijä (Nobel-palkittu) pyrkii saamaan aikaan keinotekoista elämää. Hän liottaa RNA:n rakenneosia koeputkessa siinä toivossa, että ne liittyisivät monimutkaisemmiksi ketjuiksi, joista lopulta syntyisi jonkinlainen elävä olento. Aina kannattaa yrittää mutta tieteen saavutukset eivät vain ole niin pitkällä, että voitaisi tietää miten ja miksi elämä on syntynyt.

Sattumalta syntyminen merkitsee, että sinä, minä ja vaikka koivun lehti olemme samaa alkuperää ja sukua. Meidän tarkoituksemmekin on sama maailmankaikkeudessa: syntyä sattumalta, lepattaa hetki ja kuolla. Eikä kuoleman jälkeen ole mitään. Tässäkin lohduttomassa ajatusmallissa on kysymys uskosta ja ajatusta pidemmälle vietynä uskonnosta. Ainakaan tuonpuoleisesta elämästä tai sen puuttumisesta ei ole tieteelle kelpaavaa faktaa olemassa.

Ateistin näkemys elämästä

Kaikki, hyvä ja paha, tapahtuu minulle nyt, tässä ainutkertaisessa elämässä.

Ei ole mitään myöhempää palkkiota, ei myöhempää rangaistusta.

En löydä maailmasta tietoa Jumalasta enkä myöskään tunnetta hänen rakkaudestaan.

Kaksi miljardia vuotta taaksepäin maapallon elämässä ainoat elävät oliot olivat sattumalta syntyneitä bakteereita, joista kaikki elämä on lähtöisin.

Elämän tarkoitus on elämä.

Epikuros loi perustan ateismille

Epikuroksen paradoksi, pahan ongelma - teodikea on pidetty perusteluna Jumalan olemassaoloa vastaan:

"Jos jumala tahtoo estää pahan, mutta ei kykene siihen, silloin hän ei ole kaikkivaltias. Jos hän kykenee estämään pahan, mutta ei halua tehdä sitä, hän on pahansuopa. Jos hän sekä kykenee estämään pahan, että tahtoo estää sen, mistä paha tulee? Jos hän ei kykene eikä tahdo estää pahaa, miksi kutsua häntä jumalaksi?"

Uskonnonhistoria

On helppo ymmärtää ihmistä, joka sanoo olevansa uskonnoton Ateisti tai Agnostikko kun ajattelee mitä kaikkea uskonnonhistoriassa tiedämme tapahtuneen ja mitä uskonto nykyisinkin voi sisältää. Esimerkiksi Athanasiuksen uskontunnustus menee monelta uskonnottomalta ja uskovaiseltakin yli ymmärryksen. Uskonnonhistoria on paljolti vallankäytön historiaa, joka ei edes muistuta Jeesus Nasaretilaisen opetuksia. Saamme lukea inhottavia kertomuksia inkvisitiosta, jossa ihminen joutui kidutuksen kohteeksi jos häntä epäiltiin harhaoppiseksi. Samoin historia kertoo noita-vainoista, joissa noidaksi epäilty voitiin polttaa elävältä tai anekaupoista, joissa ihminen voi rahalla ostaa syntinsä anteeksi. Näiden uskonnonhistorian kohokohtien ansiosta protestanttiset kirkot saivat alkunsa ja käyttö-voimansa. Unohtamatta ristiretkiä ja muita sotia, joita on käyty uskonnon varjolla.

Vielä nykyisinkin joissakin kirkoissa säilytetään rasioissa ja lippaissa ihmisen luunkappaleita kun ajatellaan niiden olevan jonkin pyhänä pidetyn hen-kilön jäännöksiä. Uskotaan näiden reliikkien siunauksellisuuteen ja niiden voimaan parantaa esimerkiksi sairauksia.

Suomen tunnetuin pyhäinjäännös on Pyhän Henrikin kyynärvarren luu. Tästä käydään kiistelyä kuuluuko tuon luun olla Pyhän Henrikin katolisessa kirkossa Helsingissä vai Turun tuomiokirkossa. Eikä ole kauaakaan siitä kun Suomessa oli pakko, sakon uhalla käydä kirkossa. Ajatus on hyvin kaukana Jeesuksen opetuksen hengestä.

Kaikesta pahuudesta ja taikauskosta huolimatta ei ajatteleva ihminen kyseenalaista evankeliumien perusoppia, joka kehottaa lähimmäisen rakkauteen, totuudellisuuteen, epäitsekkyyteen, nöyryyteen, anteeksi antamiseen ja parannuksen tekoon. Ilman näitä elämä olisi rakkaudetonta ja valheellista, olisi itsekästä ja ylpeää, perustuisi enemmän kostolle ja katkeruudelle kuin anteeksiantamiselle, eikä oppisi mistään. Tämä onkin todellisuutta liian usein. Näillä kuitenkin määrittyy elämisen laatu.

Monet kääntyvät kysymyksineen uskonnon puoleen

Uskontoja on maailmaan kehittynyt runsaasti ja jokaisella on oma selitysmallinsa. Kaikkien uskontojen taustalla on kysymys ihmisen tietoisuudesta, että me kaikki kuolemme ja myös toivo kuoleman voittamisesta ja pelastumisesta ikuiseen elämään.

Kristillisiäkin uskon tulkintoja on kymmeniä tuhansia erilaisia*. Yhteistä niille on, että ensimmäisen elävän ihmisen nimi on Aadam, jonka Jumala on luonut kuvakseen ja kaltaisekseen. Kaikki opit, selitykset ja tulkinnat on johdettu samasta kirjasta, Raamatusta.

Yhteistä näille suuntauksille on, että nyt on löytynyt se oikea ja puhdas oppi, joka vie turvallisesti taivaan portille. Kun ihmiset alkavat tulkita Jumalan sanaa ja tarkoituksia oman harkintansa mukaan, tuloksena on monia vaihtoehtoja kuten on havaittu. Raamattu sanoo aiheesta:

"Ei jokainen, joka sanoo minulle: 'Herra, Herra', pääse taivasten valtakuntaan. Sinne pääsee se, joka tekee taivaallisen isän tahdon. Monet sanovat minulle sinä päivänä 'Herra, Herra! Sinun nimessäsihän me profetoimme, sinun nimessäsi me karkotimme pahoja henkiä ja sinun nimessäsi teimme monia voimatekoja'. Mutta silloin he saavat minulta vastauksen: 'En tunne teitä. Menkää pois minun luotani, vääryyden tekijät! " (Matt.7:21,22).

Tieteellinen selitysmalli ylenkatsoo ajatusta, että luominen olisi ihmisen alkuperä. Tieteellä ei kuitenkaan ole tarjota vastaukseksi muuta kuin oletuksia. Oletetaan (pidetään jopa varmana), että ihminen polveutuisi lähinnä apinasta. Paleontologit tekevät merkittävää ja mielenkiintoista työtä kun he etsivät ja löytävät muinaisia luun kappaleita ja muodostavat niistä ihmisen edeltäjiä eri aikakausilta. Mielenkiintoista sinänsä, mutta luomiskertomusta parempana pitävä voi ajatella evoluution olevan osa Jumalan teknistä suoritusta ja että sopivassa kehitysvaiheessa Jumala on tuonut ihmisen maan päälle. Tätä ajatusmallia tukee se, että ainoastaan ihmisellä on omatunto ja kyky tehdä valintoja toisin kuin eläimillä, jotka toteuttavat vaistojaan.

---

*) World Christian Encyclopedia –hakuteoksen mukaan löytyy 34 000 kristillisenä itseään pitävää yhteisöä, joista puolet ovat käytännössä omia erillisiä kirkkojaan.

Kristityn näkemys elämästä

Kaikki, hyvä ja paha, tapahtuu minulle nyt, tässä ainutkertaisessa elämässä.

Ajattelen olevani ikuinen olento, joka vietän osan ikuisuudesta tässä maailmassa.

Se on osa Jumalan tarkoitusta ja suurta suunnitelmaan.

Kaikki osoittaa, että on olemassa Jumala, kaikki mitä on maan päällä, sen liike ja myös kaikki planeetat, jotka liikkuvat säännöllisessä järjestyksessään.

Elämä on lahja Jumalalta, joka on luonut ja saanut aikaan tämän kauniin maailman ja maailmankaikkeuden. Siinä näkyy Jumalan rakkaus.

Elämän tarkoitus on hyvä elämä, johon sisältyy optio ikuisesta elämästä.

Vastaus Epikurokselle

Jumala tahtoo estää pahan, mutta Hän ei ole osapuoli. Jumala on pannut ihmisen toimimaan ja olemaan toiminnan kohteena. Hän antaa ohjeet miten elää.

Hyvä tai paha tulee ihmisen vapaan valinnan kautta. Elävistä olennoista vain ihminen on saanut ymmärryksen, omantunnon ja valinnanvapauden koska Jumala on Jumala.

Kristityn kuluttajansuoja

Mitä teet jos haluaisit liittyä kristilliseen kirkkoon? Erikoinen tilanne koska tavallisempaa on erota kirkosta. Nykyisin suosittu selitysmalli kaikelle olevaiselle on sattumalta ja itsestään syntyminen.

Siis, oli alkuräjähdys, jonka jälkeen, pitkän ajan kuluessa syntyi otolliset olosuhteet maailmankaikkeudessa, joiden ansiosta syntyi planeetta, jossa sattumalta muodostui pitkän ajan kuluessa elämälle otolliset olosuhteet, samoin syntyi sattumalta jonkinlainen molekyyliketju, joka alkoi jakaantua ja josta luonnon valinnan kautta, pitkän ajan kuluessa syntyi kasvikunta ja muut elämän lajit, jotka edelleen luonnonvalinnan kautta, pitkän ajan kuluessa kehittyivät ja joiden huippuna ihminen ihmettelee olemassa oloaan.

On olemassa muitakin uskontoja mutta nythän ollaan liittymässä kristilliseen kirkkoon koska tuntuu kuitenkin siltä, että Jumala olisi olemassa.

Kristillinen opintarjonta on varsin moninaista. Kristillistä viisautta tarjotaan suomalaisille kahdentoista kristillisen kirkon voimalla, joiden lisäksi on vielä lukuisa määrä muita kristillisiä yhteisöjä omine opillisine painotuksineen. Kaikilla on opin taustana sama Raamattu, jonka pohjalta eri suuntaukset ja käsitykset nousevat. Tilanne on varsin erikoinen kun kaikki julistavat totuutta.

Miten kaikki erimieliset voivat olla oikeassa? Miten tähän tilanteeseen on tultu? Vastausta täytyy etsiä varhaisista kirkon perustamisen hetkistä alkaen ja kysyä myös nykyisistä kirkoista.

Kristityn kuluttajasuojan perään ei juurikaan kysellä, sanotut asiat otetaan ikään kuin ylhäältä annettuina. Tässä esitetään kysymyksiä. Aineistoa tähän kirjaan on pyydetty kaikilta Suomessa toimivilta kirkoilta, jotka tunnustavat Pyhän Raamatun ja pitävät sitä opillisena taustanaan.

Kirkot itse kertovat

Kirkkojen virallisille edustajilleen esitettiin vastattavaksi kymmenen kysymysaihetta, yhteensä kolmekymmentäviisi kysymystä - tavallisia ihmisen kysymyksiä. Vastausten toivotaan helpottavan valintaa kun ollaan etsimässä sitä oikeaa kirkkoa. Ne myös valottavat lukijalle mitä kristillinen Suomi opettaa ja mihin se uskoo.

Tässä ei luoda paremmuusjärjestystä eri kirkkojen kesken, eikä muutenkaan arvioida saatuja vastauksia, sellaisesta lukijat huolehtivat itse. Tarkastelun kohteena on kristillisyys Suomessa tänään.

Kirkoille esitetyt kysymykset ovat sellaisia, joita kaikki ihmiset kysyvät jossain elämänsä vaiheessa, ehkä vain ihmettelevät itsekseen. Kirkot ovat luontevin paikka näiden kysymysten esittämiseen. On lupa ajatella, että kirkoilla olisi näihin kysymyksiin vastaukset valmiina - niin tavallisia ne ovat. Siksi niihin pitäisi saada edes jonkinlainen vastaus. Kysytään ja katsotaan mitä tapahtuu.

Monet ihmiset etsivät kirkosta totuutta, sitä oikeaa Jumalan edustajaa, joka puhuu todellista Jumalan sanaa. Tarjonta on sen verran runsasta, että arviointi ei ole helppo tehtävä, vaan jokaisen täytyy luottaa omaan arvostelukykyynsä.

Kirkot ovat erilaisia, samoin vastaukset kysymyksiin ovat monenlaisia. Sekin on vastaus jos ei vastaa. Silloin voi vai ajatella, että kysymykseen ei ole vastausta tai suhtaudutaan ylenkatseella ihmisen kysymyksiin. Vastaukset tai vastaamatta jättämiset kuvastavat sitä kuinka moninainen tarjottu totuus voi olla. Paitsi, että eihän totuus voi olla moninainen. Uskonnon kuluttaja voi vain ihmetellä kun samasta lähteestä on syntynyt niin monen kirjavaa selitystä, hartauden harjoitusta, oppia ja kulttuuria.

Suomen hallitusmuoto määritteli vuonna 1919 Suomen uskonnollisesti neutraaliksi tasavallaksi ja vuonna 1923 voimaan tullut uskonnonvapauslaki antoi kansalaisille mahdollisuuden erota evankelis-luterilaisesta kirkosta ilman, että olisi pitänyt liittyä johonkin muuhun uskonnolliseen yhteisöön tai kirkkoon. Kansalainen sai myös vapauden perustaa kirkon tai uskonnollisen yhteisön ja uskoa miten haluaa kunhan ei riko yleistä yhteiskuntarauhaa ja järjestystä.

Jumalan virallinen edustaja

Jumalalla on paljon enemmän virallisia edustajia maan päällä kuin tähän kyselyyn valitut, mutta nyt pitäydytään näihin, Suomessa toimivaan kahteentoista kristilliseen kirkkoon. Varmaankin silloin on Jumalan virallinen edustaja kun on perustanut kirkon?

Kristinuskon vaikutus länsimaiseen kulttuuriin, yhteiskuntaan ja elämäntapaan on huomattavan suuri. Se on vaikuttanut maailmankuvaamme, moraaliimme, tapoihimme. Kristinuskon vaikutus näkyy kuvataiteessa. Se on vaikuttanut musiikkiin. Se on vaikuttanut kirjallisuuteen. Suomalaiset saivat kirjakielen ja oppivat

lukemaan sen kautta Kristinusko on vaikuttanut lain-
säädäntöömme, arvomaailmaamme ja nimistöömme.
Kristilliset juhlat rytmittävät vuosikalenteriamme.
Ei mikään ihan vähäinen vaikutus.

Kaikki sai alkunsa Jeesus Nasaretilaisesta, jonka toi-
minta kesti noin kolme vuotta. Hän ei puhunut vieraita
kieliä eikä käynyt koskaan ulkomailla. Hänellä ei ollut
maallista omaisuutta eikä armeijaa. Siitä huolimatta
Hän on vaikuttanut maailmaan enemmän kuin kukaan
muu.

On syytä tarkastella kristillisyyttä sen alkulähteistä
käsin ennen kuin puhutaan eri kirkoista, jotka puhuvat
Jeesuksesta Kristuksesta.

Kristillisyyden alku

Ajanlaskumme alussa juutalaiset olivat monien muiden kansojen ohella Rooman valtakunnan hallinnon alaisia. Rooma soi juutalaisille samoin kuin myös muillekin huomattavan vapauden harjoittaa omaa uskontoaan ja kansallisia tapojaan. Siitä huolimatta juutalaisten asemaa ei voinut voinut sanoa vapaan ja riippumattoman kansan asemaksi.

Julius Caesarin onnistuneiden valloitusten ansiosta saatiin elää suhteellisen rauhallista aikaa Rooman valtakunnassa. Gallian ja Britannian valloittaminen loivat pohjaa latinan kielen ja Roomalaisen kulttuurin leviämiselle Eurooppaan. Kristinuskon kannalta tällä tuli olemaan myöhemmin suuri merkitys.

Pax Romana

Gaius Octavianus Thurinus syntyi Roomassa 23.9.63 eaa. Julius Caesar pyysi nuoren Octavianuksen mukaansa sotaretkelleen Hispaniaan vuonna 40 eaa. Octavianus selvisi hyvin haaksirikosta ja matkustamisesta vihamielisten seutujen läpi. Tämä teki Caesariin suuren vaikutuksen. Gaius Octavianus opiskeli Apolloniassa retoriikkaa ja sotataitoja.

Julius Caesar oli saavuttanut elinikäisen diktaattorin aseman. Senaatin kokoontuessa 15.3.44 eaa. joukko senaattoreita lähestyi häntä. He vetivät tikarinsa esiin ja surmasivat Caesarin. Tarkoituksena oli palauttaa senaattorisäädyn asema ja tasavaltainen hallitusmuoto.

Gaius Octavianus saapui Roomaan saatuaan tiedon Caesarin murhasta. Octavianus sai kuulla, että Julius Caesar, jolla ei ollut omaa poikaa, oli testamentissaan adoptoinut hänet ja nimittänyt seuraajakseen. Häntä ei kuitenkaan siinä vaiheessa pidetty todellisena vaihtoehtona valtaan.

Ennen kuin Octavianuksesta tuli laillisesti Caesarin poika, senaatin oli säädettävä tätä koskeva laki. Gaius Octavianus muutti nimensä roomalaisen perinteen mukaan Gaius Julius Caesariksi.

Caesarin jälkeen Roomaa hallitsi triumviraatti, jonka muodostivat Marcus Antonius, Gaius Julius ja Marcus Lepidus. Kanssahallitsijoiden kesken syntyi useita vuosia kestäneitä erimielisyyksiä ja sotia, kunnes Gaius Julius syrjäytti Lepiduksen ja kukisti Antoniuksen.

Vuonna 27 eaa. senaatti myönsi Gaius Juliukselle arvonimen Augustus (kunnianarvoisa ja päämies). Kun Augustus oli saanut valtansa vakiinnutetuksi alkoi Pax Romanaksi kutsuttu kausi.

Rooman ensimmäinen keisari Gaius Julius Caesar Augustus (63 eaa. – 14 jaa.) hallitsi yksinvaltiaana yli 40 vuotta.

Keisari Augustukselta kävi käsky

Keisari Augustus määräsi kaikki kirjoittautumaan veroluetteloon, kunkin omaan kaupunkiinsa. Tästä voimme lukea Raamatusta:

"Siihen aikaan antoi keisari Augustus käskyn, että koko valtakunnassa oli toimitettava verollepano. Tämä

verollepano oli ensimmäinen ja tapahtui Quiriniuk-
sen ollessa Syyrian käskynhaltijana. Kaikki menivät
kirjoittautumaan veroluetteloon, kukin omaan kau-
punkiinsa. Niin myös Joosef lähti Galileasta, Nasaretin
kaupungista ja meni verollepanoa varten Juudeaan,
Daavidin kaupunkiin Betlehemiin, sillä hän kuului
Daavidin sukuun." (Luuk. 2:1-4).

Maailmantilanne oli otollinen Kristuksen tehtävälle
ja Hänen kirkkonsa perustamiselle. Jeesus Nasaretilai-
nen syntyi ainutlaatuisena aikana. Kaikki maat olivat
avoinna armon ja rakkauden sanomalle, jota Hän tulisi
julistamaan.

Juutalaiset erottuivat muista kansoista

Israelilaiset, joita kutsuttiin yhteisellä nimellä juuta-
laisiksi, erottuivat muista kansakunnista suuremman
tiedon haltijoina. Heillä oli sukuhistorioita, kirjalli-
suutta, pappisorganisaatioita ja lakijärjestelmiä, joiden
ansiosta he olivat muista poikkeava kansa. Juutalaiset
suhtautuivat halveksuen ja ylenkatseella epäjumalia
palvoviin naapureihinsa.

Kaikki muut kansat kumarsivat pakanallisia juma-
lia. Heidän jumalanpalvomisensa olivat muotojen ja
seremonioiden polyteistista (uskoa moniin jumaliin)
uskontoa, joka perustui aistillisiin menoihin ja joiden
tarkoituksena oli lepyttää jumalien vihaa ja saada
suosiota.

Vaikka juutalaiset erottuivat muun maailman kan-
soista, eivät he kuitenkaan olleet mikään yhtenäinen
kansakunta. Juutalaiset olivat jakaantuneet uskonnollis-
ten opinkysymystensä ja tapojensa vuoksi moniin lah-
koihin ja ryhmiin, jotka kiistelivät keskenään. Tärkeim-

mät ryhmät olivat saddukeukset, juutalainen yläluokka ja fariseukset, juutalainen papisto, joka noudatti tarkoin Mooseksen lakia. Lisäksi oli essealaisia, galilealaisia, herodilaisia, selootteja ym. Juutalaisten ja samarialaisten kesken vallitsi vihamielisyys. Samarialaiset olivat Juudean ja Galilean välisellä alueella asuvaa sekakansaa, joka koostui assyrialaisten siirtolaisten kanssa avioituneista juutalaisista. Juutalaiset pitivät heitä vääräoppisina.

Korkeampi laki perustui rakkauteen

Mooseksen laki hallitsi juutalaisten elämää ja sitä he noudattivat. Lain ulkonaisia sääntöjä tähdennettiin mutta lain henkeen eivät kiinnittäneet huomiota sen enempää papit kuin kansakaan. Mooseksen laki oli annettu keinoksi valmistautua johonkin korkeampaan. Tästä Paavali kirjoittaa myöhemmin kirjeessään Galatian pyhille:

"Näin laki oli meidän valvojamme Kristuksen tuloon asti, jotta me sitten tulisimme vanhurskaiksi uskosta." (Gal.3:24).

On varsin selvää, että Vapahtaja toi korkeamman opin ja lain kuin minkä juutalaiset olivat tunteneet ja että alkuperäisen lain opetukset eivät riitäneet:

"Minä sanon teille: ellette te noudata Jumalan tahtoa paljon paremmin kuin lainopettajat ja fariseukset, te ette pääse taivasten valtakuntaan." (Matt.5:20).

Jeesus itse noudatti kaikkia lakiin perustuvia vaatimuksia mutta inhosi pelkän kirjaimen tunnustamista. Kristuksen painottamat moraalia koskevat opetukset ja käskyt valmistivat niitä, jotka uskoivat Hänen sanoihinsa Kristuksen kirkon perustamiseen.

Jeesuksen Kristuksen Kirkko

Oppikirja kertoo, että Jeesus ei olisi perustanut kirkkoa oman toimintansa aikana vaan sen olisivat perustaneet hänen seuraajansa myöhemmin. Jeesus kuitenkin perusti kirkon järjestämällä selkeän organisaation. Hän valitsi seuraajistaan kaksitoista miestä ja asetti heidät apostoleiksi. *"Hän kutsui luokseen opetuslapsensa ja valitsi heistä kaksitoista, jotka nimesi apostoleiksi."* (Luuk. 6:13, Matt.10:1 ja Mark.3:14).

Apostolit

Ensimmäisiksi kirkon virkailijoiksi Jeesus valitsi työnsä kaksitoista erityistä todistajaa, apostolia. Hän lähetti heidät saarnaamaan useisiin juutalaisiin kaupunkeihin. Ensimmäisellä lähetysmatkallaan heitä kehotettiin keskittymään Israelin huoneeseen. Heidän sanomansa pääsisältönä oli: *"Taivasten valtakunta on tullut lähelle."* (Matt.10:7).

Apostoleja käskettiin käyttämään asettamisensa yhteydessä saamaansa voimaa saarnaamiseen, sairaiden parantamiseen, kuolleiden herättämiseen ja pahojen henkien ulos ajamiseen. Jeesus kehotti heitä: *"Lahjaksi olette saaneet, lahjaksi antakaa."* (Matt.10:8).

Heidän tuli luottaa korkeampaan voimaan - kulkea ilman rahaa, ruokaa ja ylimääräisiä varusteita. Heitä varoitettiin vastoinkäymisistä ja vainoista, joita he joutuisivat myöhemmin kohtaamaan.

Seitsenkymmenet

Jeesus kutsui myöhemmin myös muita palvelustyöhön. *"Tämän jälkeen Herra valitsi vielä seitsemänkymmentäkaksi opetuslasta ja lähetti heidät kaksittain edellään jokaiseen kaupunkiin ja kylään, johon hän aikoi itse mennä."* (Luuk.10:1).

Herra lähetti heidät edellään valmistamaan ihmisiä Hänen tulemiseensa. Jeesus antoi heille lähes samat ohjeet kuin aiemmin apostolin valtuudet saaneille. Heidän toimintansa oli menestyksellistä ja he antoivat palattuaan riemullisen selontekonsa: *"Herra, pahat hengetkin tottelevat meitä, kun käskemme niitä sinun nimessäsi."* (Luuk.10:17).

Tämä kertoo, että heidät oli asetettu tehtäväänsä voimalla ja valtuudella.

Pietarin johtava asema

Apostoleille annettu erityinen tehtävä korostui myöhemmin kun heille toimitettiin juhlallinen jalkojen pesu, jota Pietari esteli sanomalla: *"Herra, sinäkö peset minun jalkani?"* (Joh.13:6).

Herra sanoi: *"Jos minä en pese sinua, ei sinulla ei ole sijaa minun luonani."* (Joh.13:8).
Pietarin johtava asema apostolien keskuudessa käy selväksi tästä lauseesta, jonka Jeesus sanoi Pietarille: *"Sinä olet Pietari, ja tälle kalliolle minä rakennan kirkkoni. Sitä eivät tuonelan portit voita. Minä olen*

*antava sinulle taivasten valtakunnan avaimet. Minkä
sinä sidot maan päällä, se on sidottu taivaissa, ja
minkä sinä vapautat maan päällä se on myös taivaissa
vapautettu."* (Matt.16:18-19).

Jeesuksen ja Pietarin sananvaihto korostaa Pietarin johtavaa asemaa apostolien neuvostossa. *"Simon,
Johanneksen poika, rakastatko sinä minua enemmän
kuin nämä toiset?"* 'Rakastan, Herra', Pietari vastasi:
'sinä tiedät, että olet minulle rakas'." *Jeesus sanoi:
"Ruoki minun karitsoitani."* (Joh.21:15).
Tämä kehotus toistui kolme kertaa.

Ylösnoussut Herra antoi apostoleilleen viimeiset
ohjeet ennen taivaaseen astumistaan: *"Menkää siis ja
tehkää kaikki kansat minun opetuslapsikseni: kastakaa
heitä Isän ja Pojan ja Pyhän Hengen nimeen ja opettakaa heitä noudattamaan kaikkea, mitä minä olen
käskenyt teidän noudattaa. Ja katso, minä olen teidän
kanssanne kaikki päivät maailman loppuun asti."*
(Matt.28:19-20).

Tässä Jeesuksen viimeisessä ohjeessa ei liene
mitään epäselvää: Opettakaa heitä noudattamaan kaikkea mitä minä olen käskenyt teidän noudattaa.

Uuden apostolin asettaminen

Mestari ei enää ollut heidän kanssaan, Hän oli jättänyt heille valtuudet ja käskyn vahvistaa ja kasvattaa
kirkkoa. Ensimmäiseksi he ryhtyivät täydentämään
kahdentoista apostolin neuvostoa, jossa oli jäänyt virka
avoimeksi Juudas Iskariotin kuoleman jälkeen.

Uuden apostolin valinnasta ja virkaan asettamisesta
eivät päättäneet ainoastaan ne yksitoista apostolia.
Opetuslapset (Kristuksen kirkon jäsenet) kokoontuivat
yhteen ja heidän lukumääränsä oli noin satakaksikym-

mentä. Heille Pietari esitti toimenpiteitä vaativan asian ja korosti sitä, että uudeksi apostoliksi valitun tuli olla mies, jolla oli henkilökohtainen tieto ja todistus Herran toiminnasta.

"Ehdolle pantiin kaksi miestä: Joosef Barabbas, toiselta nimeltään Justus, sekä Mattias. Sitten kaikki rukoilivat: 'Herra, sinä joka tunnet kaikkien sydämet, ilmoita, kumman näistä kahdesta olet valinnut astumaan tähän palvelutehtävään ja apostolin virkaan, josta Juudas luopui mennäkseen sinne, minne kuului.' Sen jälkeen he heittivät miehistä arpaa, ja arpa lankesi Mattiakselle. Näin hänet valittiin ja liitettiin kahdentoista apostolin joukkoon." (Ap.t.1:23-26).

On selvää, että apostolit katsoivat neuvostonsa lukumäärän olevan tarkoin määrätty kahdeksitoista vaikka myöhemmin ei Raamatussa mainitakaan tapauksia apostolin virkojen täydentämisestä.

Paavalin asettaminen

Paavali, joka ennen kääntymystään tunnettiin tarsolaisena Sauluksena, sai ilmestyksen.

"Matkalla, Saulin ollessa jo lähellä Damaskosta, taivaasta leimahti yht'äkkiä valo hänen ympärilleen. Hän kaatui maahan ja kuuli äänen sanovan: 'Saul, Saul miksi vainoat minua?' Hän kysyi: 'Herra, kuka sinä olet?' Ääni vastasi: 'Minä olen Jeesus, jota sinä vainoat'." (Ap.t.9:3-5).

Näin Saulista tuli Herran Jeesuksen erityinen todistaja ja sellaisena apostoli.

Siitä, että virkaan asettaminen oli suoritettava oikealla valtuudella ja kätten päällepanolla on olemassa tieto Paavalin asettamisesta. Vaikka hän oli puhunut ylösnousseen Jeesuksen kanssa ja kokenut jumalallisen voiman saadessaan näkönsä takaisin, hänet oli kuitenkin kastettava, ja myöhemmin erotettava palvelustyöhön niiden toimesta, joilla oli valtuus.

"Antiokian seurakunnassa oli profeettoja ja opettajia: Barnabas ja Simeon, josta käytettiin nimeä Niger, kyreneläinen Lukios, Menahem, joka oli neljännesruhtinas Herodeksen kasvinkumppani, sekä Saul. Kerran, kun he olivat palvelemassa Herraa ja paastoamassa, Pyhä Henki sanoi: 'Erottakaa Barnabas ja Saul minun työhöni, siihen tehtävään, johon minä olen heidät kutsunut.' Niin he paastosivat ja rukoilivat, ja sitten he panivat kätensä näiden kahden päälle ja lähettivät heidät matkaan." (Ap.t.13:1-3).

Tämä on uusi esimerkki virallisesta menettelystä Mattiaan asettamisen jälkeen kun miehiä valittiin ja erotettiin kirkon eritystehtävään.

Pyhät huolehtivat toisistaan

Näyttää siltä, että apostolisena aikana kirkon järjestykseen kuului aineellisen omaisuuden yhteisomistusta, jonka jakelu tapahtui kunkin tarpeen mukaan.

Jäsenmäärän lisääntyessä katsottiin, ettei apostolien aika riittänyt näiden aineellisten asioiden hoitamiseen. Kirkon jäseniä kehotettiin valitsemaan seitsemän hyvämaineista miestä, joiden tehtäväksi apostolit antoivat nämä tehtävät.

"Silloin apostolit, ne kaksitoista, kutsuivat koolle koko opetuslasten joukon ja sanoivat: 'Ei ole oikein, että me ruoan jakamisen tähden lyömme laimin Jumalan sanan. Valitkaa siis, veljet, keskuudestanne seitsemän hyvämaineista miestä, jotka ovat Hengen ja viisauden täyttämiä, niin me asetamme heidät tähän tehtävään'." (Ap.t.6:2,3).

*"Kaikki, jotka olivat koolla, pitivät tätä ehdotusta
hyvänä. He valitsivat Stefanoksen, miehen, joka oli
täynnä uskoa ja Pyhää Henkeä, sekä Filippoksen, Pro-
koroksen, Nikanorin, Timonin, Parmenaksen ja Niko-
laoksen, antiokialaisen käännynnäisen. Nämä tuotiin
apostolien eteen, ja apostolit rukoilivat ja panivat
kätensä heidän päälleen."* (Ap.t.6:5,6).

Esimerkki osoittaa että, apostolit tiesivät heillä
olevan valtuuden johtaa kirkkoa ja noudattaa yhteisen
suostumuksen periaatetta tehtävänsä hoidossa. He
käyttivät valtaansa rakkauden hengessä, kunnioittaen
kirkon jäsenten oikeuksia.

Jeesuksen Kristuksen Kirkko kasvoi nopeasti

Kirkon nopeaa kasvua ja vaikutusvallan lisääntymistä
varhaisina aikoina osoittaa, että Jeesuksen apostoleil-
leen antamaa tehtävää saarnata evankeliumia toteutet-
tiin tehokkaasti.

*"Eräänä päivänä, kun opetuslapsia oli koolla noin
satakaksikymmentä..."* (Ap.t.1:15).

*"...uskovien joukkoon tuli sinä päivänä lisää noin
kolmetuhatta henkeä."* (Ap.t.2:41).

*"Jumalan sana levisi leviämistään. Opetuslasten
määrä kasvoi Jerusalemissa nopeasti, ja usko voitti
puolelleen myös monia pappeja."* (Ap.t.6:7).

*"Kaikkialla Juudeassa, Galileassa ja Samariassa
kirkolla oli nyt rauha. Se eli ja rakentui Herran pelossa,
ja Pyhä Henki vahvisti sitä, niin että se yhäti kasvoi."*
(Ap.t.9:31).

*"Mutta Jumalan sana sai yhä vankemman jalansi-
jan ja levisi leviämistään."* (Ap.t.12:24).

"Seurakunnat vahvistuivat uskossa ja kasvoivat päivä päivältä." (Ap.t.16:5).

"Näin Herran sana osoitti voimansa ja levisi yhälaajemmalle." (Ap.t.19:20).

Runsaan kymmenen vuoden ajan Kristuksen taivaaseen astumisen jälkeen Jerusalem oli edelleen kirkon keskuspaikka, mutta seurakuntia tai erillisiä "kirkkoja" perustettiin etäisille alueille. Seurakuntia järjestettäessä valittiin paimenia, opettajia ja muita virkamiehiä hoitamaan paikallisia asioita ja epäilemättä heidät asetettiin niiden toimesta joilla oli valtuus.

Noin kolmekymmentä vuotta Jeesuksen taivaaseen astumisesta Paavali kertoo, että evankeliumi olisi jo viety kaikille luoduille.

"Teidän on vain pysyttävä lujina uskon perustalla, horjahtamatta pois siitä toivosta, jonka teidän kuulemanne evankeliumi antaa. Tämä evankeliumi on julistettu kaikille luoduille taivaan alla, ja minusta, Paavalista, on tullut sen palvelija." (Kol.1:23).

Tällä Paavali ilmeisesti tarkoittaa, että evankeliumin sanomaa oli niin yleisesti saarnattu, että jokainen joka tahtoi, sai kuulla siitä.

Kirkon muut virkailijat

Kirkon järjestyksen yksityiskohtia ei apostolisena aikana kovinkaan täydellisesti selitetty. Edellä on kuitenkin käynyt selväksi, että valtuus johtaa kirkkoa oli kahdellatoista apostolilla. Mainittiin myös seitsenkymmenten erityistehtävä. Näiden lisäksi oli vielä evankelistoja, paimenia, opettajia, ylipappeja, vanhimpia jne. Paavalin mukaan näiden monien tehtävien tarkoituksena oli tehdä pyhät valmiiksi palvelustyöhön Kristuksen ruumiin rakentamiseksi. Kirkkoa verrattiin täydelliseen ruumiiseen eri elimineen ja jäsenineen. Vertaus kuvaa hyvin sitä, että kaikki osat ovat välttämättömiä ruumiin terveyden ja hyvinvoinnin kannalta. Samoin Kristuksen kirkossa ei kukaan voi sanoa ettei tarvitse toista.

"Hän antoi seurakunnalle sekä apostolit että profeetat ja evankeliumin julistajat, sekä paimenet että opettajat, varustaakseen kaikki seurakunnan jäsenet palvelutyöhön, Kristuksen ruumiin rakentamiseen." (Ef.4:11,12).

Historioitsijat kertovat kirkon kasvusta

Mosheim kertoo kirkon nopeasta kasvusta ja Jumalallisesta myötävaikutuksesta apostolien toiminnassa:

"Kun tutkimme kristinuskon nopeaa laajenemista pakanakansojen keskuuteen ja ajattelemme miten heikkojen välikappaleiden kautta tämä hämmästyttävä kehitys tapahtui, on tämän kaiken todellinen ja oikea aiheuttaja oltava kaikkivaltiaan näkymätön käsi. Ellemme oleta jumalallisen vaikuttamisen tapahtuneen, niin miten on mahdollista, että miehet ilman mitään apua, vailla vaikutusvaltaa, rikkauksia, oppineisuutta tai puhetaitoa saattoivat niin lyhyessä ajassa taivuttaa huomattavan osan silloista ihmiskuntaa luopumaan esi-isiensä uskonnoista?

Miten on selitettävissä, että kourallinen apostoleja, jotka kalastajina ja publikaaneina olivat oman kansansa ylenkatsomia ja juutalaisina vastenmielisiä muille, pystyivät voittamaan puolelleen oppineet ja mahtavat samoin kuin yksinkertaiset ja alhaiset, niin että nämä hylkäsivät omat ennakkoluulonsa ja omaksuivat uuden uskonnon, joka oli heidän aikaisemman

*turmeltuneen elämänmuotonsa vihollinen? Niinpä
ilmenikin jatkuvasti varmoja merkkejä jumalallisen
voiman läsnäolosta heidän toiminnassaan. Heidän
puheessaan täytyi olla uskomaton teho ja hämmästyt-
tävä voima, joka valaisi ymmärrystä ja sai sydämen
vakuuttumaan".* Mosheim: Ecclesiastical history, 1.vuosisata, osa1

Eusebius kirjoitti 200-luvun lopulla ja 300-luvun
alkupuolella. Puhuessaan ensimmäisestä vuosikym-
menestä Vapahtajan taivaaseen astumisen jälkeen, hän
sanoo:

*"Näin taivaallisen voiman ja myötävaikutuksen joh-
dosta pelastava sana äkkiä valaisi kuten auringonsäde
täydellisesti koko maailman. Jumalallisen raamatun
(profetian) mukaan Jumalan innoittamien evankelis-
tojen ja apostolien ääni kulki kohta yli maan ja heidän
sanansa maailman ääriin saakka. Kaikissa kaupun-
geissa ja kylissä muodostui, niin kuin puimatantereen
täyttyessä, runsasväkisiä ja täpötäysiä seurakuntia,
ja ne, joiden sielut isiltä perityn tavan ja ikivanhan
harhauskoisuuden takia olivat kahlittuina taikauskon
ja epäjumalanpalveluksen vanhaan tautiin, pääsivät
Kristuksen voiman avulla hänen oppilaidensa opetuk-
sen ja ihmetöiden kautta vapaiksi."* Eusebiuksen kirkkohistoria s.94

Jeesuksen Kristuksen kirkko muuttui myöhemmin
niin, että tuskin Jeesus perustamaansa kirkkoa enää
tunnistaisi. On murheellista tarkastella hengellisen voi-
man rappeutumista kirkossa ja lopullista luopumista
alkuperäisestä evankeliumista.

Luopuminen ennustettu

Kristuksen kirkko siis perustettiin Vapahtajan henkilökohtaisella johdolla. Olemme myös todenneet kirkon nopean kasvun varhaisena apostolien toimintakautena.

Onko Kristuksen kirkko, joka oikealla valtuudella perustettiin, säilyttänyt järjestetyn olemassaolonsa maan päällä apostolien ajasta nykyaikaan? Tämä kysymys tuo mieleen muita kysymyksiä. Jos kirkko on jatkuvasti ollut olemassa maanpäällisenä organisaationa, missä on osoitus papillisen valtuuden laillisesta seuraannosta? Millä nykyajan keskenään kiistelevistä kirkoista on hallussaan pyhä pappeus, jonka kirkolle antoi sen perustaja Jeesus Kristus? Ilmenevätkö hengelliset lahjat, jotka olivat luonteenomaisia alkukirkolle maan päällä?

Historian tapahtumat osoittavat, että apostolisen ajan kuluessa kirkko vähitellen ajautui luopumuksen tilaan, jonka seurauksena pappeuden seuraanto katkesi. Kirkko maanpäällisenä organisaationa, joka toimi jumalallisen johdon alaisena ja jossa oli valtuus suorittaa hengellisiä toimituksia, lakkasi olemasta ja muuttui maalliseksi organisaatioksi.

Innoitetut profeetat ennustivat luopumuksesta jo paljon ennen Vapahtajan maanpäällistä toimintaa. Myös Jeesus itse eläessään ihmisenä maan päällä ennusti tästä.

Kun tutkitaan kirjoituksia ja niiden toteutumista historian valossa, voidaan nähdä toisaalta luopumus kirkosta ja myös kirkon luopumus. Ensin yksittäiset kirkon jäsenet vähitellen jättävät kirkon ja lopulta luopumus alkukirkosta levisi laajalle ja oli yleistä.

Kirkon luopumisella oli suurempi merkitys kuin yksittäisten ihmisten luopumisella. Kirkko madaltui ihmisten perustaman laitoksen tasolle. Sen järjestys ja toiminta muuttui vieraaksi alkuperäiseen kirkkoon verrattuna. Siinä ei ole pappeutta eli valtuutta suorittaa hengellisiä toimituksia ja se on vailla niitä lahjoja, jotka Vapahtaja antoi kirkolleen silloin kun hän sen perusti. Voidaan todeta kirkon itsensä luopuneen. Se kerskuu maallisella voimalla, laatii lakeja itselleen ja opettaa omia oppejaan.

Profeetat apostolit ja Jeesus itse ennustivat ja varoittivat pyhiä poikkeamasta oikeista opeista ja periaatteista. He näkivät, että oli tulossa vääriä opettajia, jotka julistavat totuuden vastaista oppia. Vääryyden salainen vaikutus oli jo olemassa. Ennustettiin lopun ajoista mutta nähtiin luopumus jo tapahtuvana asiana.

Jesaja

Jesaja näki n.700 eaa. näyssä maan päälliset tulevat olosuhteet hengellisen pimeyden aikana. Hän näki ajan jolloin yhteiskunta oli jumalattomuuden vallassa ja miten maa murehtii ja nääntyy. Hän osoittaa myös syyn tähän onnettomaan tilanteeseen.

"Maa muuttuu saastaiseksi jalkojen alla, sillä sen asukkaat ovat hylänneet lain, rikkoneet käskyt, tehneet tyhjäksi ikuisen liiton." (Jes.24:5).

Aamos

Aamos ennustaa ajasta, jolloin Herran sanaa on vaikea löytää maailmasta. *"Koittaa aika – sanoo Herra Jumala – minä lähetän maahan nälän. En leivän nälkää, en veden janoa, vaan Herran sanan kuulemisen nälän. Ihmiset hoippuvat mereltä merelle, pohjoisesta itään he harhailevat etsimässä Herran sanaa, mutta eivät löydä."* (Aam.8:11-12).

Jeesus Kristus

Kristus kertoi seuraajilleen suorin sanoin luopumuksesta, joka oli tulossa. Hän vastasi toista tulemistaan koskeviin kysymyksiin:

"Varokaa, ettei kukaan johda teitä harhaan. Monet tulevat esiintymään minun nimelläni. He sanovat: 'Minä olen Messias; ja eksyttävät monia." (Matt.24:4,5).

Hän puhui lähestyvistä sodista ja levottomuuksista: *"Monet silloin luopuvat, he kavaltavat toisensa ja vihaavat toinen toistaan. Monta väärää profeettaa ilmaantuu, ja he johtavat useita harhaan. Ja kun laittomuus lisääntyy, monien rakkaus kylmenee. Mutta joka kestää loppuun asti, pelastuu."* (Matt.24:10,13).

Edelleen Hän varoitti vääristä profeetoista: *"Jos joku silloin sanoo teille: 'Täällä on Messias', tai: 'Messias on tuolla', älkää uskoko. Sillä vääriä messiaita ja vääriä profeettoja ilmaantuu, ja he tekevät suuria tunnustekoja ja ihmeitä, niin että he johtavat, jos mahdollista, valitutkin harhaan. Tämän minä olen teille nyt ennalta ilmoittanut. Jos siis teille sanotaan: 'Hän on tuolla autiomaassa', älkää lähtekö sinne, tai jos sanotaan: 'Hän on sisällä talossa', älkää uskoko sitä."* (Matt.24:23-26).

Herra näki edeltä, että ihmiset poikkeaisivat niistä

vanhurskauden periaatteista, joita Hän oli opettanut. Jeesus tiesi, että ihmiset kehittäisivät omia jumalanpalveluksen tapojaan ja tulisivat väittämään niissä olevan jumalallinen voima ja valtuus.

Apostoli Paavali

Tessalonikan pyhät

Tessalonikan pyhille puhuessaan Paavali varoittaa joidenkin kannattamasta harhaopista, että Kristuksen toinen tuleminen olisi jo lähellä. Selvästi käy ilmi, että Tessalonikassa harjoitettiin petosta ja epäiltiin väärennöksistä. Apostoli neuvoo pyhiä, etteivät nämä antaisi minkään *"muka meidän puheemme tai kirjeemme"* pettää itseään:

"Otamme nyt puheeksi Herramme Jeesuksen Kristuksen tulemisen ja sen, että meidät kootaan hänen luokseen. Me pyydämme, veljet, ettette heti menetä malttianne ja säikähdä, jos joku vedoten Hengen ilmoitukseen tai muka meidän puheeseemme tai kirjeeseemme väittää, että Herran päivä on jo käsillä. Älkää antako kenenkään millään tavalla johtaa itseään harhaan. Ennen tuota päivää näet tapahtuu uskosta luopuminen ja ilmaantuu itse laittomuus ihmishahmossa, kadotuksen ihminen. Hän, Vastustaja, korottaa itsensä kaiken jumalana pidetyn yläpuolelle, asettuu itse istumaan Jumalan temppeliin ja julistaa olevansa Jumala." (2 Tess.2:1-4).

Paavali vetoaa ihmisiin, että heillä olisi malttia ja olisivat rohkeita omassa todistuksessaan eivätkä antaisi kenenkään johtaa itseään harhaan.

Efeson vanhimmat

Kristuksen jätettyä maanpäällisen tehtävänsä Hänen apostolinsa varoittivat ihmisiä tulevasta. Puheessaan Efeson vanhimmille Paavali muistutti aiemmista opetuksistaan ja sanoi:

"Minä tiedän, että lähtöni jälkeen teidän joukkoonne tulee julmia susia, jotka eivät laumaa säästä. Teidän omasta joukostanne nousee miehiä, jotka julistavat totuudenvastaisia oppeja vetääkseen opetuslapset mukaansa." (Ap.t.20:29,30).

Sisäinen hajaannus ja epäsopu olivat lähellä, eivätkä ainoastaan ulkopuoliset pyrkisi pyhien suosioon, hyötyä tavoitellen. Julmat sudet, jotka eivät laumaa säästä – he olisivat miehiä, jotka tulisivat tavoittelemaan johtopaikkoja ja esittämään omia oppejaan johdattaen opetuslapsia harhaan, pois oikeasta kirkosta.

Timoteus

Paavali varoitti Timoteusta lähestyvästä luopumuksesta. Hän viittaa virheellisiin opetuksiin, joita opetettaisiin harhaan johdetuille ihmisille. Hän kutsuu näitä opetuksia "riivaajien opeiksi". Paavali kehottaa muistuttamaan veljiä näistä asioista, niin kuin hyvän Kristuksen palvelijan on sopivaa, ravitsemalla itseään uskon ja hyvän opin sanoilla:

"Pyhä Henki sanoo selvästi, että viimeisinä aikoina jotkut luopuvat uskosta ja alkavat seurata eksyttäviä henkiä ja pahojen henkien opetuksia. He luottavat tekopyhiin valehtelijoihin, joiden omassatunnossa on poltinmerkki. Nämä kieltävät menemästä naimisiin ja syömästä ruokia, jotka Jumala on luonut sitä varten, että ne, jotka tuntevat ja uskovat totuuden, nauttisivat niitä ja kiittäisivät Jumalaa." (1 Tim.4:1-3).

Paavalilla oli ennakkoaavistus siitä, että hänen marttyyrikuolemansa olisi hyvin lähellä. Hän kirjoitti toisessa kirjeessään Timoteukselle ja kannusti tätä innokkuuteen ja tarmoon evankeliumin saarnaamisessa. Hän näki, että luopumus oli jo vahvasti ilmassa. Paavali on kehotuksessaan liikuttava:

"Minä vannotan sinua Jumalan ja Kristuksen Jeesuksen nimessä, hänen, joka on tuomitseva elävät ja kuolleet, ja hänen ilmestymisensä ja hänen valtakuntansa kautta: julista sanaa, astu esiin sopivaan ja sopimattomaan aikaan, nuhtele, moiti ja kehota, aina kärsivällisesti opettaen. Tulee näet aika, jolloin ihmiset eivät siedä kuulla tervettä oppia vaan haalivat itselleen halunsa mukaisia opettajia kuullakseen sitä mitä kulloinkin mieli tekee. He tukkivat korvansa totuudelta ja kääntyvät kuuntelemaan taruja." (2 Tim.4:1-4).

Apostoli Pietari

Apostoli Pietari profetoi harhaopeista, joista luopumuksen aikana julistettaisiin opinkappaleina, että kaikki voivat ymmärtää. Hän muistuttaa, että vääriä opettajia on ollut vanhoina aikoina ja tulisi olemaan myös tulevana aikana:

"Israelin kansan keskuudessa esiintyi kuitenkin myös vääriä profeettoja, ja samoin on teidänkin joukkoonne ilmestyvä vääriä opettajia. He salakuljettavat teidän keskuuteenne tuhoisia harhaoppeja, jopa kieltävät herransa, joka on ostanut heidät omikseen. Pian he kuitenkin saattavat itsensä tuhoon. Heidän irstasta menoaan lähtevät monet seuraamaan, ja näiden takia totuuden tie tulee häväistyksi. Ahneudessaan he pyrkivät käyttämään teitä hyväkseen esittämällä tekaistuja tarinoita. Mutta heille muinoin langetettu tuomio on yhä voimassa, heidän tuhonsa odottaa heitä." (2 Piet.2:1-3).

Apostoli Juudas

Vielä Juudas, Jaakobin veli, muistuttaa pyhiä kirjeessään aiemmista varoituksista:

"Rakkaat ystävät! Muistakaa te, mitä Herramme Jeesuksen Kristuksen apostolit ovat ennalta puhuneet. Hehän sanoivat teille, että lopun aikoina tulee pilkkaajia, jotka elävät jumalattomien himojensa vallassa." (Juud.17,18).

Apostoli Johannes

Johanneksen ilmestykseen perustuva profetia viittaa myöhempään aikaan:

"Minä näin taas uuden enkelin, joka lensi korkealla taivaan laella. Hänen tehtävänään oli julistaa ikuinen evankeliumi maan asukkaille, kaikille kansoille, heimoille, kielille ja maille. Hän kuulutti kovalla äänellä: 'Pelätkää Jumalaa ja antakaa hänelle kunnia – hänen tuomionsa aika on tullut! Kumartakaa häntä, joka on luonut taivaan, maan ja meren ja vesien lähteet.'" (Ilm.14:6,7).

Johanneksen profetia ei varsinaisesti ennusta luopumuksesta, mutta siinä suhtaudutaan kirkon hajoamiseen tapahtuneena asiana. Johannes näki hajaannuksen ajan yli, evankeliumin palautukseen – kirkon uudelleen perustamiseen enkelin palveluksen kautta. Olisi epäjohdonmukaista ajatella, että enkelin olisi tuotava evankeliumi maan päälle, jossa tuo evankeliumi yhä olisi. Mainitut pyhien kirjoitusten kohdat osoittavat, että kirkosta luopuminen nähtiin ennalta tapahtuvaksi.

Luopumuksen vaikutus

Evankeliumin siemen oli vasta kylvetty, kun vastustaja tuli ja kylvi yöllä lustetta vehnän sekaan. Jeesus kertoi kuvaavan vertauksen:

"*Mies kylvi peltoonsa hyvää siementä. Mutta kun kaikki nukkuivat, hänen vihamiehensä tuli, kylvi vehnän sekaan rikkaviljaa ja meni pois. Kun vilja nousi oraalle ja alkoi tehdä tähkää, rikkaviljakin alkoi tulla näkyviin. Työmiehet menivät silloin isäntänsä luo ja sanoivat hänelle: 'Herra, etkö sinä kylvänyt peltoosi hyvää siementä? Mistä siihen on tullut rikkaviljaa?' Isäntä sanoi heille: 'Se on vihamieheni työtä.' Miehet kysyivät silloin häneltä: 'Tahdotko, että menemme kitkemään sen pois?' 'En', hän vastasi, 'te voitte rikkaviljaa kootessanne nyhtää sen mukana vehnääkin. Antakaa niiden kasvaa yhdessä elonkorjuuseen asti. Kun sen aika tulee, minä sanon korjuuväelle: Kootkaa ensin rikkavilja ja sitokaa se kimpuiksi, että se poltettaisiin. Mutta vehnä korjatkaa aittaani.*" (Matt.13:24-30).

Apostoli Paavali

Galatia

Galatian seurakunnat olivat väitelleet siitä, että sitoivatko heitä Mooseksen lain vaatimukset, varsinkin ympärileikkaus. Paavali opettaa, että Kristuksen evankeliumi oli korkeampi kuin laki ja että he olivat epäjohdonmukaisia väitellessään yhdestä lain kohdasta, eivätkä pitäneet tärkeinä muita kohtia. Tämä kertoo uusien kirkkoon liittyneiden jäsenten pitäneen kiinni vanhoista juutalaisuuteen kuuluvista opeistaan ja näin pyrkivät muuttamaan evankeliumia. Paavali näki, että ihmiset, joita hän opetti ja joiden parissa hän työskenteli, olivat vaarassa joutua väärien opettajien uhreiksi ja menettämään oman uskonsa. Hän kirjoitti Galatian seurakunnille:

"Olen hämmästynyt, kun te näin pian olette luopumassa hänestä, joka on armossaan kutsunut teidät, ja olette siirtymässä toisenlaiseen evankeliumiin. Mitään toista evankeliumia ei kuitenkaan ole. Jotkut vain hämmentävät teidän ajatuksianne ja koettavat vääristää Kristuksen evankeliumia. Julistipa kuka tahansa teille evankeliumia, joka on vastoin meidän julistamaamme – vaikkapa me itse tai vaikka taivaan enkeli – hän olkoon kirottu." (Gal.1:6-8).

Tessalonika

Paavali selittää toisessa kirjeessään Tessalonikan seurakuntalaisille, että laittomuuden ja vääryyden henki vaikutti ja oli olemassa jo kirkon varhaisina aikoina. Profetoituaan vastustajan vaikutuksesta ennen Kristuksen toista tulemista edeltävänä tilanteena apostoli sanoo:

"Vääryyden salainen vaikutus on jo olemassa. Sen, joka sitä on vielä pidättämässä, on vain ensin poistuttava tieltä; silloin ilmestyy tuo vääryyden ihminen, jonka Herra Jeesus on surmaava suunsa henkäyksellä ja tuhoava tulemisensa kirkkaudella." (2 Tess.2:7,8).

Kuka tai mikä pidätti vääryyden vaikutusta on

kysymys, joka aiheuttaa keskustelua. Arvellaan, että apostolien läsnäololla oli hillitsevä vaikutus. Toiset taas uskovat, että Rooman valtion toimet vaikuttivat. Roomalaiset pyrkivät estämään uskonnollisia kiistoja mutta kuitenkin sallivat ja osoittivat suvaitsevaisuutta erilaisia uskontoja kohtaan kunhan ne eivät halventaneet Rooman jumalia.

Timoteus

Paavalin kirjeet ovat täynnään kehotuksia ja pyyntöjä kestävyyteen väärien oppien edessä. Paavali kantoi murhetta luopumuksen kasvusta kirkossa. Hänen Timoteukselle osoittamansa sanat ovat murheelliset:

"Pidä esikuvanasi niitä terveitä opetuksia, jotka olet minulta kuullut, ja säilytä se usko ja rakkaus, jonka Kristus Jeesus saa aikaan. Pidä meissä asuvan Pyhän Hengen avulla tallessa se hyvä, mikä on uskottu haltuusi. Niin kuin tiedät, Aasian maakunnassa kaikki ovat luopuneet minusta, heidän joukossaan Fygelos ja Hermogenes." (2Tim.1:13-15).

Apostoli Juudas

Juudas kehotti pyhiä valppauteen ja varovaisuuteen miehiä kohtaan, jotka olivat saatanan palveluksessa yrittäessään turmella kirkon. Kirjeessään hän sanoo:

"Rakkaat ystävät! Hartaasti olen halunnut kirjoittaa teille yhteisestä pelastuksestamme, ja nyt sain aiheen kehottaa teitä taistelemaan sen uskon puolesta, joka pyhille on kertakaikkisesti annettu. Teidän joukkoonne on näet luikerrellut ihmisiä, joista jo kauan on ollut tuomio kirjoitettuna. Nämä jumalattomat kääntävät meidän Jumalamme armon riettaudeksi ja kieltävät ainoan Valtiaamme ja Herramme Jeesuksen Kristuksen." (Juud.3,4).

Juudas näki uskon, joka kerta kaikkiaan on pyhille annettu, olevan vaarassa. Hän kehottaa uskollisia taistelemaan ja avoimesti sitä puolustamaan. Hän muistuttaa pyhiä muiden apostolien varoituksista:

"Hehän sanoivat teille, että lopun aikoina tulee pilkkaajia, jotka elävät jumalattomien himojensa vallassa. Nämä luokittelevat ihmisiä, vaikka itse ovat ajatuksiltaan maallisia, Henkeä vailla." (Juud.18,19).

Hän viittaa oman aikansa luopioihin, jotka aistillisten himojensa vuoksi ovat eronneet kirkosta.

Apostoli Johannes näkee Kristuksen

Johanneksen ollessa karkotettuna Patmoksella oltiin tilanteessa, jossa lähes kaikki apostolit olivat pois maan päältä. Monet heistä olivat kärsineet marttyyrikuoleman.

Luopumus oli edennyt jo pitkälle päätellen siitä, että oli vai seitsemän seurakuntaa, jotka olivat kelvollisia saamaan Johanneksen erityisen tervehdyksen. Näyssään Johannes näki seitsemän seurakuntaa, joita edusti seitsemän kultaista lampun jalkaa, ja seitsemän tähteä. Ne edustivat eri seurakuntien johtajia. Lampun jalkojen keskellä Johannes näki *"Ihmisen Pojan kaltaisen"*, jolla oli oikeassa kädessään seitsemän tähteä ja seitsemän kultaista lamppua.

Efeso

Efeson seurakunta sai tunnustusta hyvien töidensä ansiosta. Erikoisesti mainitaan se, että he olivat hylänneet nikolaiittojen* teot ja opit. Efeso sai myös moitetta siitä, että oli luovuttu "ensi ajan rakkaudesta".

Kehotettiin kääntymään ja palaamaan alkuperäisiin tekoihin. Sanottiin, että elleivät he tee parannusta heidän lamppunsa siirretään pois paikaltaan. *"Minä tiedän sinun tekosi, sinun vaivannäkösi ja kestävyytesi. Minä tiedän, ettet voi sietää pahoja ihmisiä. Sinä olet koetellut niitä, jotka sanovat itseään apostoleiksi vaikka eivät ole, ja olet havainnut heidät valehtelijoiksi. Kestävyyttäkin sinulla on, olethan joutunut moneen vaivaan minun nimeni tunnustamisen tähden etkä ole antanut periksi. Mutta sitä en sinussa hyväksy, että olet luopunut ensi ajan rakkaudesta. Muista siis mistä olet langennut, käänny ja palaa tekemään ensi ajan tekoja. Ellet tee parannusta, minä tulen luoksesi ja siirrän lamppusi paikaltaan. Siinä teet kuitenkin oikein, että inhoat nikolaiittojen tekoja, joita minäkin inhoan."* (Ilm.2:2,6).

Pergamon

Johannesta käskettiin kirjoittaa Pergamonin seurakunnalle, joka sai tunnustusta Kristuksen nimen tunnustamisesta ja uskosta. Moitteita tuli vääristä opetuksista ja eräistä lahkoista ja opettajista, niitä Herra vihasi:

"Minä tiedän, missä sinä asut: siellä, missä Saatanalla on valtaistuimensa. Silti tunnustat horjumatta minun nimeäni etkä ole kieltänyt uskoasi minuun, et edes silloin, kun uskollinen todistajani Antipas surmattiin teidän luonanne, siellä missä Saatana asuu. Mutta kaikkea en sinussa hyväksy: Luonasi on sellaisia, jotka seuraavat Bileamin oppia, tuon miehen, joka opetti Balakille, miten virittää israelilaisille ansa ja vietellä heidät syömään epäjumalille uhrattua lihaa ja har-

---

*) Nikolaiitoista ei tiedetä muuta kuin mitä Johannes mainitsee kirjeessään Pergamonin seurakunnalle.

joittamaan siveettömyyttä. Heitä on sinunkin luonasi,
noita jotka seuraavat nikolaiittojen opetusta. Käänny
siis! Ellet tee parannusta, minä tulen kohta luoksesi ja
käyn heitä vastaan, isken heitä suuni miekalla."
(Ilm.2:13-16).

Laodikea

Laodikean seurakunta sai nuhteita siitä, että se oli
penseä eikä kylmä tai palava ja siitä, että se piti itseään
rikkaana, jolta ei mitään puuttunut, vaikka se todelli-
suudessa oli viheliäinen, kurja ja alaston. Seurakuntaa
kehotettiin parannuksen tekoon.

"Minä tiedän sinun tekosi: sinä et ole kylmä etkä
kuuma. Kunpa olisitkin joko kylmä tai kuuma! Mutta
sinä olet haalea, et kuuma etkä kylmä, ja siksi minä
oksennan sinut suustani. Sinä kerskut, että olet rikas,
entistäkin varakkaampi, etkä tarvitse enää mitään. Et
tajua mikä todella olet; surkea ja säälittävä, köyhä,
sokea ja alaston. Annan sinulle neuvon: osta minulta
tulessa puhdistettua kultaa, niin tulet rikkaaksi, osta
valkoiset vaatteet ja pue ne yllesi, niin häpeällinen
alastomuutesi peittyy, osta silmävoidetta ja voitele
silmäsi, niin näet. Jokainen jota rakastan, minä nuhte-
len ja kuritan. Tee siis parannus, luovu penseydestäsi!
Minä seison ovella ja kolkutan. Jos joku kuulee minun
ääneni ja avaa oven, minä tulen hänen luokseen, ja me
aterioimme yhdessä, minä ja hän." (Ilm.3:15-20).

Luopumus alkuperäisestä evankeliumista seura-
kunnissa eteni voimakkaasti jo ennen apostolisen ajan
päättymistä. Tämä näkyy selvästi edellä mainituista
Raamatun kohdista. Myös monet teologit ja raamatun-
tutkijat myöntävät todeksi sen, että luopumus alkoi jo
varhain.

"...Hegesippos*, kertoessaan sanotun ajan tapahtumista, lisää, että kirkko siihen asti oli jäänyt puhtaaksi ja turmeltumattomaksi neitsyeksi, sillä hämärässä pimeydessä oleilivat siihen asti ne, jos niitä yleensä oli, jotka koettivat turmella Vapahtajamme julistuksen tervettä oppia. Mutta kun apostolien pyhä parvi eri tavalla oli päättänyt elämänsä ja se sukupolvi oli poissa, joka oli saanut omilla korvillaan kuulla jumalallisen viisauden, silloin sai jumalattoman hairahduksen liittoutuminen alkunsa harhaoppisten petoksen johdosta, jotka nyt, kun kukaan apostoleista ei enää ollut jäljellä, koettivat peittelemättömästi totuuden julistusta vastaan julistaa omaa väärin tiedoksi sanottua tietoaan." Eusebiuksen kirkkohistoria, III:32

Myös Milner kertoo samasta aiheesta:

"Pitäkäämme mielessä, mitä se evankeliumin henki todella on. Yksinkertainen usko Kristukseen kadotettujen syntisten ainoana Vapahtajana ja Pyhän Hengen voimakas vaikutus synnin täysin turmelemien sielujen parantajana – siinä ovat pääajatukset. Kun Pyhän Hengen vuodattaminen alkujaan tapahtui, näitä asioita opetettiin voimakkaasti ja kului jonkin aikaa ilman, että mitään mielipiteitä esitettiin vastaan. Kun sitten ihmisten turmeltuneisuuden ja saatanan viekkaitten toimien yleistyessä totuudenrakkaus oli vähentynyt, harhaopit ja erilaiset evankeliumin väärinkäytökset nostivat päätään. Niitä arvioidessamme voimme muodostaa jonkinlaisen käsityksen siitä, miten tosi uskonto huononi ja rappeutui ensimmäisen vuosisadan lopun lähetessä."

Milner jatkaa:

"Mutta synkkä pilvi leijui ensimmäisen vuosisadan

---

*) Eusebius lainaa Hegesipposta, joka eli apostolisen ajan jälkeisen sukupolven aikana ja kirjoitti ensimmäisen vuosisadan lopussa.

lopun yllä. Yleensä Hengen vuodattamisen ensimmäiset vaikutukset ovat voimakkaimmat ja ratkaisevimmin maailman hengestä erottuvat. Mutta ihmisten turmeltuneisuus, vaikkakin se hetkeksi lannistetaan, nousee uudelleen, varsinkin seuraavan sukupolven aikana. Siitä johtuvien riitojen ja harhaoppien aikaansaamat levottomuudet. Niiden pyrkimyksenä on hävittää Jumalan puhdas työ."

Milner: History of the Church of Christ, 1. Vuosisata, luku 15

Kristinuskon varhaisten vääristelijöiden joukossa oli niitä, jotka toimivat sen yksinkertaisuutta vastaan. Apostolien opettama kristinusko oli toisenlaista kuin juutalaisuuden mysteerit tai pakanajumalien palvelusmenot, joihin oltiin totuttu. Varhaisimpia muutoksia, joita tapahtui kristilliseen jumalanpalvelukseen oli mystisten seremonioiden käyttöön ottaminen. Luopumus sai alkunsa jo varhain ja kehittyi myöhemmin yleismaailmalliseksi.

Syitä luopumiseen

Lainatuissa Raamatun kohdissa mainitaan monia syitä luopumukseen kuten väärien opettajien ilmaantuminen, harhaoppien leviäminen ja yleensä saatanan vallan kasvu. Varhaiseen kirkkoon kohdistuva vaino sai monet kannattajat luopumaan uskostaan ja he palasivat juutalaisuuteen tai pakanauskoon, joissa olivat olleet aiemminkin. Kun rivit harvenivat heikkojen hylätessä kirkon, täydennystä tuli uusista käännynnäisistä. Suurempi merkitys kirkon rappioon oli kuitenkin kirkon luopumisella instituutiona. Varhaiset kirkkohistorioitsijat todistavat siitä, että opilliset riidat, vääristelyt ja erimielisyydet tulivat kirkkoon heti apostolien kuoltua. Kirkon sisällä olevat kavaltajat ja jumalattomat voivat vääristellä Kristuksen evankeliumia vapaasti ilman pidäkkeitä. Alkukirkko joutui vainon kohteeksi juutalaisten ja pakanoiden taholta.

Juutalaiset vainosivat pyhiä

Juutalaisuus on Mooseksen lakiin perustuva uskonto, joka suhtautui kristinuskoon vihamielisesti. Juutalaisuuden kannattajat vastustivat kristinuskoa koska pitivät sitä kilpailevana uskontona. Juutalaiset myös oivalsivat, että jos kristinusko saavuttaisi yleisempää kannatusta ja hyväksyttäisi totuutena, heidät tuomittaisiin Messiaan surmaamisesta.

Vaino oli peräisin enemmän juutalaisuudesta kuin juutalaisista ihmisistä kansana. Jeesus oli juutalainen Hänen apostolinsa olivat juutalaisia. Kirkon jäsenet olivat alkuunsa pelkästään juutalaisia koska Jeesus rajoitti apostolien toiminnan koskemaan vain Israelin huonetta. Kun oli sopiva aika viedä evankeliumin sanomaa myös pakanoille, tarvittiin ihme vakuuttamaan apostolit tästä asiasta. (ks. Ap.t.10-11).

Juutalaisten taholta tuleva vastustus oli ennustettu tapahtuvaksi. Jeesus varoitti toistuvasti apostoleja vainoista, jotka olisivat tulossa:

"Pitäkää varanne! Teidät viedään oikeuteen ja teitä piestään synagoogissa. Maaherrojen ja kuninkaiden eteen te joudutte minun nimeni tähden, todistukseksi heille." (Mark.13:9).

Seuraavat Vapahtajan sanat ilmaiset hyvin miten alas kiihkoilevat vainoojat vaipuisivat:

"Teidät erotetaan synagoogasta, ja tulee sekin aika, jolloin jokainen, joka surmaa jonkun teistä, luulee toimittavansa pyhän palveluksen Jumalalle. Näin he tekevät, koska he eivät tunne Isää eivätkä minua."
(Joh.16:2,3).

Vapahtajan ennustukset toteutuivat kirjaimellisesti. Jeesuksen ristiinnaulitsemisen jälkeen juutalaisten viha kohdistui kaikkiin, jotka tunnustivat Kristuksen. Apostoleja vangittiin ja lopulta heidät aiottiin ottaa hengiltä.

"Silloin kiihko valtasi ylipapin ja hänen kannattajansa, koko saddukeusten ryhmäkunnan. He ottivat kiinni apostolit ja panivat heidät vankilaan." (Ap.t.5:17,18).

Vaino kirkkoa kohtaan kävi yleiseksi.

"Sinä päivänä puhkesi vaino Jerusalemin seurakuntaa vastaan, ja kaikki muut paitsi apostolit hajaantui-

vat eri puolille Juudeaa ja Samariaa." (Ap.t.8:1).

Paavali kertoo, että apostolit elivät ainaisessa kuolemanvaarassa.

"Jumala näyttää asettaneen meidät apostolit vihoviimeisiksi: olemme kuin kuolemaantuomitut areenalla, koko maailman katseltavina, enkelien ja ihmisten." (1Kor.4:9).

Juutalaisille ei riittänyt oma vainonsa, vaan he pyrkivät lietsomaan vastustusta myös roomalaisten taholta väittämällä, että kristityt suunnittelisivat maanpetosta Rooman valtiota vastaan ym. Historioitsija kertoo näistä vainoista:

"Palestiinan ulkopuolella roomalaisissa maakunnissa asuvat juutalaiset eivät julmuudessaan Kristuksen syyttömiä opetuslapsia kohtaan jääneet jälkeen Jerusalemissa asuvista. Apostolien teoista ja muista ehdottoman luotettavista lähteistä saamme tietää, että he eivät säästäneet vaivojaan vaan tarttuivat innokkaasti jokaiseen mahdollisuuteen kannustaa viranomaisia kristittyjä vastaan. Ja yllyttääkseen kansanjoukkoja vaatimaan näiden tuhoa. Kansan ylimmäinen pappi ja Palestiinan juutalaiset vaikuttivat omalta osaltaan kiihottaen eri maakunnissa asuvia juutalaisia raivoon vasta perustettua kirkkoa vastaan. He lähettivät näiden luokse sanansaattajia, jotka eivät ainoastaan kehottaneet välttämään kaikkea kanssakäymistä kristittyjen kanssa vaan myös vainoamaan näitä mitä ankarimmalla tavalla. Tällaiseen epäinhimilliseen toimenpiteeseen he yrittivät löytää mahdollisimman uskottavan tuntuisia tekosyitä ja ilmoittivat sen vuoksi virallisesti, että kristityt olivat Rooman keisarin vihollisia, koska he tunnustivat valtiaakseen erään Jeesus-nimisen henkilön, jonka Pilatus oli mitä oikeudenmukaisimmalla tavalla tuominnut kuolemaan pahantekijänä

mutta jota kristityt siitä huolimatta palvoivat kunin-kaana." Mosheim: Ecclesiastical History, 1. Vuosisata, osa I, luku 5:2

Vaino pakanoiden taholta

Pakanoilla tarkoitetaan ihmisiä, jotka eivät uskoneet elävään Jumalaan. Kristuksen perustama uskonto osoittautui juutalaisuuden kilpailijaksi. Siksi juutalaisia on helppo ymmärtää kun he vastustivat kristinuskoa. On vaikeampi ymmärtää miksi pakanakansat ryhtyivät laajoihin kristittyjen vainoihin ja vastustamaan rauhan evankeliumia. Heidän jumalanpalveluksissaan ei ollut mitään yhtenäistä oppia ja järjestelmää vaan erilaisia epäjumalia ja kultteja.

"Jokaisella kansakunnalla oli omat jumalansa, joita hallitsi yksi muita mahtavampi jumala. Kuitenkin tätä ylintä jumalolentoa kahlitsi jäykkä tosiasioiden ylivalta eli filosofien kielellä 'ulkoinen pakko'. Idän jumalat olivat erilaisia kuin gallialaisten, germaanien tai muiden pohjoisten kansakuntien jumalat. Kreikan jumalat olivat erilaisia kuin egyptiläisten, jotka palvoivat kasveja ja eläimiä sekä moninaisia luonnontuotteita ja taideteoksia. Jokaisella kansalla oli myös oma erityinen tapansa palvella ja lepyttää omia jumaliaan. Yksi yhteinen piirre on se, että tämä uskontojen ja jumalien moninaisuus ei aiheuttanut sotia eikä riitaisuuksia eri kansakuntien välille, egyptiläisiä lukuun ottamatta. Jokainen kansakunta salli naapuriensa noudattaa omia jumalanpalvelustapojaan, palvoa omia jumaliaan ja nauttia omista rituaaleistaan ja seremonioistaan. Heitä ei häirinnyt toisten erilaiset käsitykset uskon asioista." Mosheim: Ecclesiastical History, 1. Vuosisata, osa I, luku 1:7-8

Kirkon pakanallisista vainoojista Rooman maailmanvalta oli pahin. Tämä tuntuu erikoiselta koska

Rooma oli yleisesti suvaitsevainen vasallikansojen uskontoja kohtaan. Todellinen syy vainoihin voi olla kristittyjen oma suvaitsemattomuus. Historioitsija kertoo näkemyksensä:

"Luonnollinen tiedonhalumme saa meidät kysymään, miten on mahdollista, että roomalaiset, jotka eivät aiheuttaneet millekään kansakunnalle hankaluuksia uskontoa koskevissa kysymyksissä ja jotka sallivat jopa juutalaisten elää omien lakiensa alaisina ja noudattaa omia jumalanpalvelustapojaan, suhtautuivat ainoastaan kristittyihin näin jyrkästi. Tämä tärkeä kysymys tuntuu sitäkin vaikeammalta ratkaista, kun otamme huomioon, että kristinuskon erinomaisuus ja sen ihailtava pyrkimys edistää sekä valtakunnan yleistä hyvinvointia että yksityisen ihmisen onnea oikeutti sen saamaan aivan erityistä hallitusvallan suosiota ja suojelua.

Pääsyitä siihen, että roomalaiset mainituista näkökohdista huolimatta vainosivat ankarasti kristittyjä, näyttää olleen se, että kristityt suhtautuivat inhoten ja ylenkatsoen valtakunnan uskontoon, joka puolestaan liittyi läheisesti valtiolaitoksen muotoon ja jopa sen sisäiseen olemukseen. Sillä vaikka roomalaiset osoittivat rajatonta suvaitsevaisuutta kaikkia sellaisia uskontoja kohtaan, joiden oppeihin ei sisältynyt mitään valtion kannalta vaarallista, he eivät kuitenkaan sallineet sitä, että heidän isiensä uskonto, joka oli perustettu valtakunnan lakien mukaisesti, joutuisi pilkan kohteeksi tai että ihmiset vedettäisiin pois sen yhteydestä. Juuri nämä kuitenkin olivat ne kaksi asiaa, joista kristittyjä syytettiin; ja syytös oli oikeudenmukainen, joskin kristittyjen kunniaksi. He rohkenivat pilkata pakanallisen taikauskon järjettömyyttä ja olivat innokkaita ja uutteria käännyttämään ihmisiä totuuteen. Eivätkä he hyökänneet ainoastaan Rooman

uskontoa vastaan vaan kaikkia niitä taikauskon ilme-
nemismuotoja vastaan, joita esiintyi eri maissa heidän
toiminta-alueellaan. Tästä roomalaiset päättelivät,
ettei kristittyjen lahko ollut ainoastaan sietämättömän
rohkea ja ylimielinen vaan sen lisäksi yleisen rauhan
vihollinen ja kaikin tavoin omiaan nostattamaan kapi-
noita valtakunnassa. Luultavasti juuri tällä perusteella
Tacitus syyttää kristittyjä inhottaviksi ihmiskunnan
vihollisiksi ja nimittää Jeesuksen uskontoa turmiolli-
seksi taikauskoksi. Samaan tapaan puhuu Suetonius
kristityistä ja heidän opeistaan.

Roomalaisia ärsytti kristityissä myös se, että heidän
jumalanpalveluksensa oli yksinkertaista eikä muis-
tuttanut millään tavoin minkään muun kansan pyhiä
menoja. Kristityillä ei ollut uhritoimituksia, ei temppe-
leitä, ei jumalankuvia, ei oraakkeleita eikä papillisia
kaavoja. Tässä on kylliksi syytä siihen, että oppimaton
kansa moitti kristittyjä, sillä sen mielestä ilman näitä
ei voinut olla mitään uskontoa." Mosheim: Ecclesiastical History, 1.
vuosisata, osa 1, luku 5:6-7

Rooman vainojen voidaan sanoa alkaneen Neron
valtakaudella 64 jaa. Vainot jatkuivat Diocletianuk-
sen hallituskauden loppuun 305 jaa. Tähän aikaväliin
sisältyi monia jaksoja jolloin vaino oli ankaraa ja toisia
jolloin elettiin suhteellisen rauhallista aikaa. Kristityt
kirjoittajat ovat jaksottaneet vainot kymmeneen erilli-
seen kauteen. Kirkko oli kuitenkin pakanoiden vainon
ja sorron kohteena n. kaksi ja puoli vuosisataa.

Kristittyjä vainonneiden
Rooman keisarien hallituskaudet

Nero 54 – 68
Domitianus 81 – 96

Trajanus 98 – 117

Marcus Aurelius 161 – 180

Septimus Severus 193 – 211

Maximinus Thrax 235 – 238

Decius 249 – 251

Valerianus 253 – 260

Aurelianus 270 – 275

Diocletianus 284 – 305

Neron vaino

Ensimmäinen Rooman keisarin käskystä alkanut kristittyjen vainon toimeen pani keisari Nero vuonna 64 jaa. Neron valtakauden lopulla tuli tuhosi suuren osan Rooman kaupunkia. Keisaria epäiltiin syylliseksi tähän onnettomuuteen. Nero pyrki kääntämään huomion parjattuihin kristittyihin. Asiasta kirjoittaa ei-kristitty aikalainen Tacitus, jota pidetään arvossa historioitsijana.

"Lopettaakseen nämä puheet Nero teki syntipukeiksi kansan kristityiksi nimittämät, rikostensa takia vihatut henkilöt, ja rankaisi heitä valikoiduin kidutuksin. Nimitys oli saanut alkunsa Kristuksesta, jonka prokuraattori Pontius Pilatus oli teloituttanut Tiberiuksen aikaan. Turmiollinen taikausko talttui hetkeksi, mutta levisi sitten uudelleen, ei ainoastaan Juudeaan, jossa paha oli saanut alkunsa, vaan jopa Roomaankin. Kaikki inhottava ja hävettävä näet kerääntyy tänne ja viihtyy täällä. Ensiksi vangittiin ne jotka tunnustivat, ja heidän ilmiantonsa perusteella suunnaton joukko muita, joita ei syytetty niinkään tuhopoltosta kuin vihasta ihmissukua kohtaan. Tuhoon tuomittujen kustannuksella pilailtiin. Heitä annettiin eläinten

*taljoihin puettuina koirien raadeltaviksi tai naulittiin
ristiin. Illan hämärtyessä heitä käytettiin soihtuina
yötä valaisemaan. Nero oli luovuttanut puutarhansa
tätä näytelmää varten ja pani siellä toimeen kilpa-ajot.
Hän liikkui kilpa-ajajan asussa kansanjoukkojen kes-
kuudessa tai seisoi kilpa-ajorattailla. Tämä sai kuiten-
kin aikaan sääliä uhreja kohtaan, vaikka he olivatkin
syyllisiä ja ansaitsivat mitä ankarimpia rangaistuksia,
sillä heitä ei uskottu tuhottavan yleisen edun vuoksi
vaan yhden henkilön julmuuden tyydyttämiseksi."* Tacitus:
Keisarillisen Rooman historia

Tämä ensimmäinen Rooman valtiovallan kristittyi-
hin kohdistama vaino päättyi Neron kuollessa vuonna
68 jaa. Perimätiedon mukaan apostolit Paavali ja Pie-
tari kärsivät marttyyrikuoleman tuona aikana. Paavali
mestattiin ja Pietari ristiinnaulittiin. Kerrotaan, että
Pietarin vaimo surmattiin vähän ennen miestään.

Domitianuksen vaino

Toinen Rooman valtion virallinen vaino alkoi n.
vuonna 93 jaa. Domitianuksen valtakaudella. Kristityt
ja myös juutalaiset joutuivat epäsuosioon koska he
kieltäytyivät kunnioittamasta patsaita, joita keisari
oli pystyttänyt palvonnan kohteiksi. Varhaisen ajan
kirjoittajien mukaan oli toinenkin syy miksi keisari
vihasi kristittyjä. Hän pelkäsi ennustuksen toteutu-
van, jossa sanottiin, että Jeesuksen suvusta nousisi
mies, joka heikentäisi Rooman valtaa. Mosheim ja
muut historioitsijat sanovat, että vaino päättyi keisarin
ennen aikaiseen kuolemaan. Eusebius, joka kirjoitti
neljännellä vuosisadalla, lainaa aiemman kirjoittajan
tekstiä, jossa Domitianus käski tuoda eteensä Vapahta-
jan suvun elossa olevia jäseniä. Keisari vakuuttui heitä
kuultuaan, ettei hänellä ollut pelättävää heidän tahol-

taan ja päästi heidät menemään sekä lopetti vainot.
Apostoli Johanneksen karkotus Patmokselle uskotaan
tapahtuneen Domitianuksen toimesta.

Vaino Trajanuksen aikana

Kolmas kirkkoon kohdistunut vaino tapahtui keisari
Trajanuksen valtakaudella vuosina 98 – 117 jaa. Traja-
nus oli suosittu vaikkakin sotaisa keisari. Hän hyväksyi
kristittyjen vainot, jotka johtuivat näiden itsepäisyy-
destä olla uhraamatta roomalaisten jumalille. Keisarin
kirjeenvaihdosta on säilynyt kirje, jossa sen kirjoittaja
Plinius nuorempi, Pontoksen käskynhaltia, pyytää kei-
sarilta ohjeita. Myös keisarin vastauskirje on säilynyt.
Kirjeenvaihto valaisee hyvin miten laajalle kristinusko
oli levinnyt ja miten valtakunnan virkamiehet kohteli-
vat kristittyjä.

Plinius keisari Trajanukselle

*"Hyvä keisari. Minulle on tullut tavaksi kääntyä
puoleesi ollessani epävarma jostakin. Kukapa pys-
tyisi paremmin neuvomaan minua, kun epäröin tai
en tunne asiaa? Koska en ole milloinkaan ollut läsnä
kristittyjä vastaa järjestetyissä oikeudenkäynneissä, en
tiedä mitä niissä on tapana tutkia ja kuinka ankaria
rangaistukset voivat olla. Lisäksi olen epätietoinen
siitä, onko syytetyn iällä merkitystä vai ovatko aivan
nuoret samassa asemassa kuin aikuiset, osoitetaanko
katuvalle armoa vai eikö kristinuskosta luopuneelle
ole mitään hyötyä luopumisestaan, rangaistaanko
kristinuskon tunnustamisesta, jos siihen ei liity mitään
rikoksia, vai niistä rikoksista jotka syytetty on tämän
uskon tunnustajana tehnyt.*
  Olen tähän asti menetellyt seuraavasti niiden

suhteen, jotka minulle on annettu ilmi kristittyinä.
Olen kysynyt heiltä ovatko he kristittyjä. Jos he ovat
tunnustaneet, olen kysynyt toisen ja kolmannen kerran
uhaten heitä kuoleman rangaistuksella. Ne, jotka ovat
pysyneet itsepintaisina, olen käskenyt teloittaa. Olipa
heidän uskontonsa millainen tahansa, ainakin heidän
itsepäisyytensä ja uppiniskainen taipumattomuutensa
oli mielestäni rangaistavaa. Heidän joukossaan oli
muitakin yhtä mielettömiä, mutta koska nämä olivat
Rooman kansalaisia, määräsin heidät lähetettäväksi
Roomaan.

Sitten käsittelyn aikana, kuten usein tapahtuu,
syytökset lisääntyivät ja yhä uusia tapauksia tuli esiin.
Minulle esitettiin anonyymi luettelo, joka sisälsi useita
nimiä. Katsoin oikeaksi vapauttaa ne, jotka kielsivät
olevansa tai olleensa kristittyjä ja minun saneluni
mukaan kutsuivat avukseen jumalia ja uhrasivat suit-
suketta ja viiniä kuvallesi, jonka olin käskenyt yhdessä
jumalankuvien kanssa tuoda tätä varten paikalle, ja
tämän lisäksi he herjasivat Kristusta – kaikki sellaista,
johon todellista kristittyä sanotaan olevan mahdoton
pakottaa. Toiset ilmiannetut myönsivät ensin ole-
vansa kristittyjä, sitten kielsivät sen. He sanoivat tosin
olleensa kristittyjä, mutta väittivät luopuneensa tästä
uskonnosta kuka kolme vuotta, kuka useita vuosia,
jotkut jopa yli kaksikymmentä vuotta aikaisemmin.
Myös kaikki nämä osoittivat kunnioitusta kuvallesi
ja herjasivat Kristusta. He vakuuttivat kuitenkin, että
heidän suurin rikoksensa tai erehdyksensä oli ollut se,
että heillä oli ollut tapana kokoontua määräpäivänä
ennen aamunkoittoa ja esittää vuorolauluna hymni
Kristukselle ikään kuin jumalalle. He olivat myös
tehneet valan, eivät kuitenkaan missään rikollisissa
aikeissa, vaan vannoen, etteivät varastaisi, ryöstäisi,
tekisi aviorikosta, pettäisi lupaustaan eivätkä kiel-

täytyisi antamasta takaisin huostaansa uskottua omaisuutta. Tämän jälkeen heillä oli ollut tapana hajaantua ja kokoontua sitten uudelleen ja nauttia yhdessä ateria, aivan tavallinen ja viaton. He sanoivat luopuneensa tästäkin sen jälkeen kun olin julkaissut ediktini, jossa määräystesi mukaan kielsin yhdistykset. Saadakseni totuuden selville katsoin välttämättömäksi antaa kuulustelussa kiduttaa kahta orjatarta, joita sanottiin diakonissoiksi. En kuitenkaan saanut selville muuta kuin vääristynyttä ja suunnatonta taikauskoa. Sen vuoksi siirsin oikeudenkäyntiä ja käännyin sinun puoleesi saadakseni neuvoja.

Asia vaatii nähdäkseni sinun kannanottoasi, varsinkin koska syytettyjen lukumäärä on suuri. Syytettynä on ja tulee olemaan suuri joukko kaikenikäisiä ja -säätyisiä, sekä miehiä että naisia. Eivät ainoastaan kaupungit ole saaneet tartuntaa tästä taikauskosta, se on kulkutaudin tavoin levinnyt myös kyliin ja maaseudulle. Taudin pysäyttäminen ja parantaminen näyttää kuitenkin mahdolliselta. Nyt on jo nähtävissä, kuinka lähes tyhjillään olleisiin temppeleihin alkaa kokoontua ihmisiä ja kauan keskeytyksissä olleet uhritoimitukset alkavat elpyä. Joka puolella myydään uhrieläinten lihaa, jolla ei vähän aikaa sitten juuri yhtään ostajia. Tästä on helppo päätellä, kuinka monien erehdys on korjattavissa, jos suodaan mahdollisuus katumukseen."

Trajanuksen vastaus Pliniukselle

"Hyvä Plinius. Olet menetellyt aivan oikein tutkiessasi niiden tapauksia, jotka on annettu sinulle ilmi kristittyinä. On mahdotonta määrätä mitään yleisesti sovellettavaa ja ehdotonta menettelytapaa. Heitä ei ole varta vasten etsittävä; niitä, jotka annetaan ilmi kristittyinä ja syytetään, on rangaistava, kuitenkin

niin, että jos joku kieltää olevansa kristitty ja todistaa
sen käytännössä, siis rukoilemalla jumaliamme, hän
saa katumuksensa vuoksi armahduksen, vaikka hänen
menneisyytensä olisikin epäiltävä. Nimettömät ilmian-
not eivät saa vaikuttaa minkään syytteen nostamiseen.
Niistä muodostuu vaarallinen ennakkotapaus ja ne
ovat ajallemme sopimattomia." Kirjeitä keisariajan Roomasta.

Marcus Aureliuksen ja myöhemmät vainot

Marcus Aurelius hallitsi vuosina 161 – 180 jaa. Hän oli
arvostettu keisari, joka etsi kansansa parasta. Se ei kos-
kenut kristittyjä, jotka saivat kärsiä hänen hallintonsa
aikana entistäkin enemmän. Ankarinta kristittyjen
vaino oli Galliassa, jolloin marttyyrikuoleman saivat
kohdata mm. Smyrnan piispa Polykarpos ja filosofi
Justinus.

Kristityt kärsivät jatkuvaa vainoa toisen ja kolman-
nen vuosisadan aikana lukuun ottamatta osittaisia,
rauhallisempia jaksoja. Keisari Septimus Severuksen
aikana 193 – 211 jaa. toimeenpantiin kiivas vaino kol-
mannen vuosisadan ensimmäisellä vuosikymmenellä.
Sama toistui Maximinus Thraxin hallitessa 235 – 238
jaa.

Kirkkohistorian mukaan Deciuksen lyhyellä halli-
tuskaudella 249 – 251 jaa. kristityt kärsivät myös har-
vinaisen ankaraa vainoa. Deciuksen vainoa kutsutaan
seitsemänneksi kristittyjen vainoksi. Näiden jälkeen
seurasi lisää erikseen mainitsemattomia vainoja kun-
nes alkoi viimeinen suuri kristittyjen vaino.

Diocletianuksen vaino

Diocletianus hallitsi vuosina 284 – 305 jaa. Keisari

suhtautui aluksi suvaitsevaisesti kristittyjen uskontoon ja tapoihin. Sanotaan, että hänen vaimonsa ja tyttärensä olisivat olleet salaisesti kristittyjä. Myöhemmin Diocletianus kuitenkin ryhtyi vastustamaan kristittyjä ja yritti tukahduttaa kristinuskon.

Nicomedian keisarillisessa palatsissa pääsi tuli irti kahteen eri otteeseen ja kummastakin onnettomuudesta syytettiin kristittyjä. Tästä seurasi kristittyjä vastaan neljä erillistä käskykirjettä, joista jokainen oli edellistään ankarampi. Hän määräsi kristilliset kirjat tuhottaviksi ja kuolemanrangaistuksen jokaiselle, jolla niitä oli hallussaan. Kymmenen vuoden ajan kristityt olivat rosvouksen, ryöstämisen ja kidutuksen kohteina. Pitkän terrorin jälkeen kirkko oli hajalle lyötynä ja näennäisen toivottomassa tilassa. Kirkon pyhiä aikakirjoja oli poltettu, jumalanpalveluspaikkoja tuhottu, tuhannet kristityt olivat kärsineet kuolemanrangaistuksen. Kirkko oli pyritty tuhoamaan kaikin mahdollisin tavoin.

"*Tällainen oli niiden egyptiläisten kilvoittelu, jotka Tyyrossa suorittivat taistelunsa jumalanpelon puolesta. Tuhannet, miehet, vaimot ja lapset, saivat Vapahtajamme opin puolesta, halveksien maallista elämää, kokea kaikenlaiset kuolon muodot. Toisia raadeltiin, pantiin kiristyspenkille, ruoskittiin julmasti, he kärsivät tuhansia muita hirvittäviä kidutuksia, ja heitä jätettiin sitten poltettavaksi, toiset upotettiin mereen, toiset ojensivat uljaasti päänsä ja mestattiin, toiset kuolivat heitä kidutettaessa, toiset tuhoutuivat nälkään, toiset ristiinnaulittiin, osaksi kuten rikoksen tekijälle tehdään, osaksi pää alaspäin kiinninaulattuna ja hengissä pidettynä, kunnes he itse ristinpuun parruissa kuolivat nälkään.*" Eusebiuksen kirkkohistoria, VIII:8

Diocletianuksen vaino oli viimeinen Rooman suurista vainoista kristinuskoa vastaan. Sitten tuli muutos.

Keisari Konstantinus Suuri

Konstantinus hallitsi 306 – 337 jaa. ja oli ensimmäinen keisari, joka kääntyi kristinuskoon. Hän ja hänen kanssahallitsijansa Licinius säätivät 313 jaa. ns. Milanon ediktin, joka poisti kristittyjen vainot, palautti kirkoille niiltä takavarikoidun omaisuuden ja takasi kristinuskolle tasavertaisen aseman.

Monien historioitsijoiden mielestä Konstantinuksen kääntymys oli paremminkin taktikointia kuin vilpitöntä kristinuskon totuuden hyväksymistä. Keisari pysyi katekumeenina (kastamattomana uskovana), kunnes hän sairastui 337 jaa. ja antoi kastaa itsensä ennen kuolemaansa. Vaikka Konstantinuksen vaikuttimet olivat mitkä tahansa, hänen ansiostaan kristinuskolle koitti uusi aika.

Keisari Konstantinusta voi hyvällä syyllä pitää nykyisen kristillisen kirkon perustajana.

Syitä kristittyjen vainoihin

Jos ei ajatella yksittäisten keisareiden mieltymystä erilaisiin raakuuksiin ja ihmisten julmaan kohteluun, syytä kristittyjen vainoon voidaan etsiä uudesta erilaisesta kulttuurista, jota kristityt toivat yhteiskuntaan. Kristittyjen ajattelu ja käytös oli pakanoille käsittämätöntä. Historioitsija kertoo näkemyksensä vastustuksen syytä:

"Koko kristittyjen joukko kieltäytyi yksimielisesti kaikesta yhteydestä Rooman, maailmanvallan ja ihmiskunnan jumaliin. Turhaan ahdistunut uskovainen vaati omantunnonvapauden ja oman arvostelukyvyn luovuttamattomia oikeuksia. Vaikka hänen tilanteensa saattoi herättää sääliä, hänen perustelujaan eivät muut ymmärtäneet, eivät filosofit, eivätkä pakanamaailman uskovaiset. Heistä oli käsittämätöntä, että joku omantunnon tähden kieltäytyi mukautumasta heidän vakiintuneisiin palvontamuotoihinsa. Se oli heistä yhtä hämmästyttävää kuin jos nämä ihmiset olisivat yhtäkkiä alkaneet tuntea inhoa synnyinmaansa tapoja, pukeutumistapaa tai kieltä kohtaan. Pakanoiden hämmästys muuttui pian kaunaksi ja harmiksi, ja kaikkein hurskaimmatkin ihmiset saivat osakseen epäoikeudenmukaisia mutta vaarallisia syytöksiä jumalattomuudesta. Kaunan ja ennakkoluulojen ohella kristityistä annettiin se kuva, että he muodostivat ateistisen yhteisön, joka hyökkäsi mitä uskaliaimmin

*valtakunnan uskonnollista järjestelmää vastaan ja
ansaitsi ankarimmat viranomaisten moitteet. He olivat
erottautuneet (he ylpeilivät tunnustuksestaan) kaikista
niistä taikauskon muodoista, joita monijumalaisuu-
den suunnat eripuolilla maapalloa kannattivat, mutta
kaiken kaikkiaan ei ollut ollenkaan selvää, millaisella
jumalalla tai jumalanpalvelusmuodolla he olivat kor-
vanneet antiikin jumalat ja temppelit. Heidän puhdas
ja ylevä käsityksensä Kaikkivaltiaasta kävi yli paka-
nallisen rahvaan hitaan ymmärryksen; he eivät voineet
käsittää hengellistä ja yhtä ainoata Jumalaa, jota ei
edustanut mikään aineellinen muoto tai näkyvä ver-
tauskuva ja jota ei palvottu totunnaisten juomauhrien,
juhlien, alttareiden ja uhritoimitusten loistolla."*

Gibbon: Rooman valtakunnan nousu ja tuho: I osa luku XVI

Luopumuksen sisäiset syyt

Julma vaino, jota kristityt ja kirkko joutuivat kohtaa-
maan kolmen ensimmäisen vuosisadan aikana vai-
kutti osaltaan luopumiseen kristinuskosta. Ne kirkon
jäsenet, jotka pysyivät uskollisina evankeliumin ope-
tuksille, olivat marttyyreita ainakin hengessä jos eivät
olleet käytännössä.

Monien hartaiden kristittyjen into muistutti epäter-
vettä kiihkoa. He hylkäsivät hyvän arvostelukyvyn ja
näyttivät nauttivan jo etukäteen marttyyrin kruunun
saavuttamisesta. Jotkut olivat jopa pahoillaan siitä, ettei
heitä ahdisteltu. Uskonsa vuoksi henkensä uhrannei-
den muisto ja heistä jäljelle jääneiden ylenmääräinen
arvostus kannusti tuohon kohtuuttomuuteen. Kun-
nioittavasta arvonannosta kehittyi myöhemmin juma-
laton marttyyrien palvonta. Historioitsija kertoo:

"Toisinaan kristityt syyttäjän puuttuessa ilmoittau-

tuivat vapaaehtoisesti, häiritsivät törkeästi pakanallisia palvontamenoja sekä ryntäsivät suurin joukoin tuomioistuimeen ja vaativat viranomaisia määräämään ja langettamaan lain tuomion. Kristittyjen käyttäytyminen oli liian huomiota herättävää jäädäkseen vaille muinaisten filosofien kannanottoa, mutta näyttää siltä, että se herätti näissä enemmän ihmetystä kuin ihailua. Kykenemättä ymmärtämään vaikuttimia, jotka toisinaan saivat uskovien rohkeuden ylittämään järjen ja harkinnan rajan, he pitivät tällaista kuolemisintoa outona seurauksena pohjattomasta epätoivosta, typerästä tunteettomuudesta tai taikauskoisesta mielettömyydestä." Gibbon: Rooman valtakunnan nousu ja tuho: I osa luku XVI

Käyttäytyminen oli kahdenlaista. Kun kiihkoilijat etsivät vaaroja, joita tuskin muutoin olisivat kohdanneet, toiset hylkäsivät kirkon vapaaehtoisesti ja palasivat entisten pakanauskontojensa pariin. Historioitsija Joseph Milner kuvaa tapahtumia aikalaisen piispa Cyprianuksen sanoin:

"Suuret joukot luisuivat heti pakanuuteen. Monet ihmiset juoksivat forumille ja uhrasivat määräysten mukaisesti epäjumalille jo ennen kuin heitä oli edes syytetty kristityiksi. Luopioiden määrä oli niin suuri, että viranomaiset halusivat lykätä monien kuulemisen seuraavaan päivään, mutta onnettomat anojat kärttivät heiltä lupaa saada vielä samana iltana osoittaa olevansa pakanoita."

Vainojen vaikutus johti ihmisten luopumiseen. Maakuntien käskynhaltijat alkoivat myydä todistuksia, jotka vakuuttivat, että mainitut henkilöt olivat lain mukaan uhranneet Rooman jumalille. Hankkimalla näitä todistuksia varakkaammat kristityt pystyivät torjumaan ilmiantajien uhkaukset.

Vaino oli kuitenkin vain epäsuora syy kristinuskon rappioon ja Kristuksen evankeliumin pelastavien periaatteiden vääristymiseen. Suurempia syitä kirkon rappioon on etsittävä kirkon sisältä. Kirkon historia kolmannen vuosisadan loppuun mennessä osoittaa, että rauhalliset kaudet olivat hengellisen veltostumisen kausia ja vainojen jälkeen kristillinen jumalanpelko ja omistautuminen heräsivät ja uudistuivat.

Kolmannen vuosisadan keskivaiheiden olosuhteita, ennen Diocletianuksen vainoja, kuvaa aikalainen Karthagon piispa Cyprianus näin:

"Jos kärsimystemme syitä tutkitaan, voidaan löytää hoitokeino vammaan. Herra haluaa omiaan koeteltavan. Ja koska pitkä rauhan kausi oli turmellut Jumalan meille ilmoittaman kurin ja järjestyksen, taivaan lähettämä rangaistus on kasvattanut uskoamme, joka oli vaipunut miltei nukuksiin: ja vaikka syntiemme tähden olimme ansainneet entistä enemmän kärsimyksiä, armollinen Herra lievitti tilannetta niin, että koko tapahtuma ansaitsee pikemminkin nimen koettelemus kuin vaino. Jokainen oli alentunut kartuttamaan omaisuuttaan ja unohtanut sen, mitä uskovat olivat tehneet apostolien aikana ja mitä heidän aina tulisi tehdä. He mietiskelivät keinoja koota rikkautta; sekä papit että diakonit unohtivat velvollisuutensa; laupeuden harjoittaminen laiminlyötiin ja kuri löystyi alimmilleen. Ylellisyys ja velttous vallitsivat. Pukeutumisessa harrastettiin säädytöntä koreilua. Veljien keskuudessa harjoitettiin petosta ja vilppiä. Kristityt solmivat avioliittoja uskottomien kanssa. Valoja vannottiin ilman kunnioitusta, jopa vailla rehellisyyttä. Ihmiset halveksivat kopean ylimielisinä hengellisiä johtajiaan. He sättivät toinen toistaan törkeän loukkaavasti ja haastoivat riitaa tahallisen ilkeästi. Jopa monet piispat, joiden pitäisi olla muiden esikuvina ja oppaina, laiminlöivät asemansa vaatimia velvollisuuksia ja

antautuivat tavoittelemaan maallista: he hylkäsivät
asuinpaikkansa ja laumansa; he kulkivat läpi kau-
kaisten maakuntien etsiessään nautintoa ja hyötyä; he
eivät antaneet apua tarpeessa oleville veljilleen vaan
olivat kyltymättömiä rahanhimossaan. He hankkivat
maaomaisuutta petoksen ja koronkiskonnan avulla.
Onko kärsimystä, mitä emme olisi ansainneet rangais-
tuksena tällaisesta elämästä? Jumala oli sanassaan
ennalta ilmoittanut, mitä meillä oli odotettavissa:
'Jos hänen poikansa hylkäävät minun lakini eivätkä
vaella minun oikeuksieni mukaan... minä rankaisen
vitsalla heidän rikoksensa ja heidän pahat tekonsa
vitsauksilla.' Tämä kaikki oli ennustettu ja julistettu
etukäteen, mutta turhaan. Syntimme olivat saattaneet
asiamme sille kannalle, että koska olimme pitäneet
halpana Herran neuvoja, meidän oli raskaana paran-
nuskeinona pakko ottaa vastaan uskomme koetus ja
ojennus lukuisista synneistämme."
Milnerin lainaamana teoksessa Church History, 3. vuosisata, luku 8.

Milner, joka kuitenkin on avoimen ystävällinen
kirkkoa ja sen kannattajia kohtaan, toteaa kristillisen
lahkon lisääntyvän turmeltuneisuuden ja selittää, että
kolmannen vuosisadan loppuun mennessä oli hellun-
taina alkaneen Pyhän Hengen vuodatuksen vaikutus
täysin tyrehtynyt ja että jäljellä oli sangen vähän
todisteita mistään läheisestä yhteydestä Kristuksen ja
kirkon välillä. Hän kirjoittaa:

"Kirkon varsinaisen rappeutumisen kausi on sijoi-
tettava Diocletianuksen hallitusajan rauhalliseen
vaiheeseen. Koko tämän vuosisadan ajan Jumalan työ
puhtaudessaan ja voimassaan oli osoittanut rappeutu-
misen merkkejä. Yksi tärkeimpiä syitä oli yhteys filoso-
feihin. Ulkonainen rauha ja maallinen menestyminen
täydensivät rappiota. Hengellinen kuri, joka oli ollut
liian ankara, oli nyt äärimmäisen löysä. Sekä piispa,

että jäsenet olivat pahuuden tilassa. Kiistelevien osa-
puolten välillä oli loputtomia riitoja, ja kunnianhimo
ja ahneus yleensä olivat saaneet valta-aseman kristilli-
sessä kirkossa. Usko Kristukseen oli käynyt arkipäiväi-
seksi, ja suunnilleen näihin aikoihin ilmeisesti päättyi
se suuri Pyhän Hengen vuodatus, joka oli alkanut
helluntaipäivänä. Ihmisten turmeltuneisuus aikaansai
kaiken hurskauden yleisen rappeutumisen, ja kokonai-
nen sukupolvi ihmisiä ehti elää ja kuolla hyvin vähäi-
sin todistein siitä, että Kristus oli hengellisesti läsnä
kirkossaan." Milner: Church History, 3. vuosisata, luku 17.

Lisää näkymiä kirkon tilasta saadaan kun tarkastel-
laan Eusebiuksen todistusta kolmannen vuosisadan
jälkipuoliskon olosuhteista ja kirkon sisäisestä valta-
taistelusta.

"Mutta kun suuremman vapauden johdosta meillä
käänne tapahtui kevytmielisyyteen ja velttouteen,
toisten kadehtiessa ja häväistessä toisiaan, meidän,
kun niin sattui, miltei aseilla sotiessamme toisiamme
vastaan, johtajien törmätessä vastakkain sanojen peit-
sillä, joukkojen noustessa joukkoja vastaan ja kauhean
tekopyhyyden ja teeskentelyn kehittyessä suurimpaan
pahuuteen, silloin jumalallinen tuomio, kuten sen
tapana oli säälivästi, niin että kansa vielä tuli koolle,
antoi valvontatoimensa hiljaa ja lievästi toimia:
vaino alkoi niistä veljistä, jotka olivat sotajoukoissa.
Ne, jotka näyttivät olevan paimenemme, lykkäsivät
Jumalan lain syrjään ja paloivat molemminpuolisesta
taistelunhalusta eivätkä tehneet muuta kuin lisäsivät
riitoja, uhkauksia, kateutta, keskinäistä vihollisuutta ja
vihaa. Intohimoisesti he puolustivat hallintohimoaan
ikään kuin tyrannivaltaa." Eusebiuksen kirkkohistoria, VIII:1

Yleinen käsitys on, että kirkon rappeutuminen
hengellisenä laitoksena juontaa ajasta, jolloin Konstan-
tinus teki kristinuskosta valtiouskonnon. Ajatellaan,

että kirkon hengellinen voima heikkeni siinä suhteessa kuin ajallinen vaikutusvalta ja rikkaus kasvoivat. Kirkko oli kuitenkin luopumuksen hengen vallassa jo paljon aikaisemmin kuin Konstantinus otti sen mahtavaan suojelukseensa. Tätä ajatusta tukee Milnerin teksti:

"Tiedän, että kirjoittajat esittävät yleensä kristin-uskon suuren rappeutumisen tapahtuneen vasta sen jälkeen, kun sen ulkonainen asema oli vakiintunut Konstantinuksen suojeluksessa. Mutta historialliset todisteet ovat pakottaneet minut poikkeamaan tästä näkökannasta. Itse asiassa olemme nähneet, että ennen Diocletianuksen vainoa vierähti kokonainen sukupolvi, jolloin esiintyi hyvin vähän merkkejä todellisesta hurskaudesta. Ketään jumalanpelon johto-hahmoa tuskin oli olemassa, eikä ole tavallista, että Jumalan Hengen suuria tekoja olisi minään aikana ilmennyt muutoin kuin joitten kuitten huomattavien pyhien, kirkonmiesten ja uudistajien johdolla. Koko tänä ajanjaksona kuten koko vainojen kautena oli tus-kin ketään tällaista henkilöä... Moraaliset ja filosofiset ja luostarimaisen jyrkät ohjeet eivät vaikuta ihmisiin sillä tavalla kuin evankeliumin opin tulisi. Ja jos usko Kristukseen oli näin rappeutunut (ja sen rappiotilan alku tulee sijoittaa vuoden 270 paikkeille), meidän ei tarvitse ihmetellä, että sellaiset näkymät, joista Euse-bius vihjaisee mainitsematta mitään tarkkoja yksityis-kohtia, alkoivat olla yleisiä kristillisessä maailmassa... Hän puhuu myös siitä, kuinka monet ihmiset kunnian-himoisessa hengessä tavoittelivat kirkon virkoja; hän puhuu harkitsemattomista ja laittomista toimituksista; riidoista uskoa tunnustavien välillä; nuorten kansan-kiihottajien vainotun kirkon jäännöksen keskuudessa aiheuttamista kiistoista ja siitä suunnattoman pahasta, mitä heidän paheensa saivat aikaan kristittyjen kes-kuudessa. Kuinka murheelliseen tilaan kristityn maa-

ilman olikaan täytynyt rappeutua, että se saattoi tällä tavalla käyttäytyä aivan jumalallisen koston alaisena. Älköön kuitenkaan vääräuskoinen ja rienaava maailma riemuitko. Tämän pahuuden ja syntisyyden syynä ei ollut kristinusko vaan se, että siitä oli poikettu pois."

Milner: Church History, 4. Vuosisata, luku 1.

Kirkko etsii itseään

Keisari suosi kirkkoa. Tästä seurasi, että kirkon viroista alettiin käydä kovaa kilpailua. Piispan virasta tuli arvokkaampi kuin kenraalista. Kristilliseen kirkkoon kuulumattomuudesta tuli epäsuosittua ja taloudellisessa mielessä epäviisasta. Pakanatemppeleitä muutettiin kirkoiksi. Kirkkohistorioissa mainitaan, että yhden vuoden aikana Roomassa kastettiin kaksitoistatuhatta miestä kirkon jäseniksi ja samassa suhteessa naisia ja lapsia. Keisari itse toimi kirkon todellisena päänä.

Kristuksen perustama ja apostolien tunnetuksi tekemä kirkko muuttui Rooman keisarin johtamaksi laitokseksi. Kirkosta oli tullut luopio kun sitä arvostellaan ja verrataan alkuperäiseen kirkkoon.

Ensimmäinen varsinaisista syistä mikä myötävaikutti kirkon muuttumiseen on evankeliumin yksinkertaisista periaatteista luopuminen ja sen ajan filosofisten ajatusten sekoittuminen kirkon oppeihin.

Vieraat opit vaikuttivat kirkossa

Pyrkimystä liittää vieraita oppeja Kristuksen evankeliumiin tapahtui jo apostolisen ajan alkuvuosina. Voimme lukea Simon noidasta, joka tunnusti uskovansa ja otettiin kirkon jäseneksi kasteen kautta, mutta

- 77 -

joka oli niin kaukana evankeliumin hengestä, että yritti
rahalla ostaa pappeuden voimaa ja valtuutta.

*"Kun Simon näki, että ne, joiden päälle apostolit
panivat kätensä, saivat Hengen, hän tarjosi heille
rahaa ja sanoi: 'Antakaa minullekin tuollainen valta,
että kenen päälle panen käteni, se saa Pyhän Hen-
gen'. Mutta Pietari sanoi hänelle: 'Kadotukseen joudut
rahoinesi, kun luulet että Jumalan lahja on rahalla
ostettavissa!'"* (Ap.t.8:18-20).

Tämä mies aiheutti jatkuvaa häiriötä kirkolle
opettaen harhaoppeja. Hänen seuraajansa tunnettiin
neljännelle vuosisadalle saakka lahkona. Eusebius
kertoo heistä:

*"Täytyy kummastella niiden menettelyä, jotka
tähän päivään asti liittyvät hänestä lähteneeseen
inhottavaan lahkoon, sillä kantaisänsä tapaan he lui-
kertelevat kirkkoon niin kuin rutontapainen syyhytauti
ja vahingoittavat kovasti niitä, joihin heidän onnistuu
istuttaa heihin itseensä kätkeytynyt vaikeasti poistet-
tava ja vaarallinen myrkky."* Eusebiuksen kirkkohistoria, II:1.

Historia tuntee tämän Simonin nimellä Simon
Magus, harhaopin luojana. Kirkollisilla viroilla käytä-
vää kauppaa ryhdyttiin kutsumaan simoniaksi.

Kirkon puhtaan opin turmeltumisen voi ajatella
alkaneen siitä kun omaksuttiin pakanallisia ja juutalai-
sia käsityksiä. Juutalaisuudessa oli jo kristillisen ajan
alussa annos pakanuudesta omaksuttuja seremonioita.
Oli lukuisia lahkoja, ryhmiä, kultteja ja koulukuntia,
jotka esittivät kilpailevia teorioita sielusta, synnistä,
jumaluudesta ja muista vaikeista kysymyksistä. Kristi-
tyt joutuivat keskenään loputtomiin erimielisyyksiin.

Kristinuskoon kääntyneet juutalaiset pyrkivät
soveltamaan uuden uskonnon oppeja niin, että heidän
juutalaisuuteen kuuluvia perinteitään voisi sovittaa

yhteen. Tulos oli turmiollinen. Vapahtaja osoitti miten mahdotonta on yhdistää uusia periaatteita vanhoihin oppeihin tai päinvastoin. Hän sanoi kuvaavasti: *"Ei kukaan ota kutistamattomasta kankaasta paikkaa vanhaan viittaan. Viitta repeää sellaisen paikan vierestä, ja reikä on entistä pahempi."* (Matt.9:16).

Evankeliumi tuli uutena ilmoituksena, joka tarkoittaa lain täyttymistä. Se sisälsi uuden ja iankaikkisen liiton. Vanhan juutalaisuuden viitan paikkausyritykset uuden evankeliumin kankaalla saivat aikaan vain pahemman repeämän.

Gnostilaisuus

Gnostilaisuus on varhainen kristinoppia vääristelevä uskonnolis-filosofinen liike. Gnostilaiset käsitykset perustuivat juutalaisuuteen, kreikkalaiseen filosofiaan ja kristinuskoon. Alkuaikoina yritettiin soveltaa tämän järjestelmän opinkappaleita kristinuskoon ja että Kristuksen ja Pyhän Hengen selitettiin kuuluvan aionien perheeseen. Tämä johti siihen, ettei myönnetty Jeesuksella olleen ruumista edes maan päällä eläessään. Gnostilaisuudesta irtautui monia lahkoja ja kultteja, mistä voi päätellä, ettei tuo oppi tyydyttänyt edes niitä, jotka sanoivat uskovansa siihen.

Donatolaisuus

Donatus Suuri oli 300-luvulla Karhagon piispana. Hänen mukaansa uskonnollinen liike ja kirkko sai nimensä. Pohjois-Afrikassa kristillisyys jakaantui katolisiin ja donatolaisiin. Donatolaisten oleellisimpana oppina oli kirkon pyhyys, joka riippui sen yksityisten jäsenten siveellisyydestä. Muun muassa Augustinus vastusti jyrkästi donatolaisia. Augustinuksen mukaan papin henkilökohtainen arvottomuus ei tehnyt sakramenttien pätevyyttä kyseenalaiseksi. Keisari riisti donatolaisilta kansalaisoikeudet vuonna 414 jaa. Donatolaiset katosivat arabien valloittaessa Pohjois-Afrikan 600 -luvulla.

Sibellius

Afrikan seurakunnan piispa Sibellius puolsi kolmannen vuosisadan keskivaiheilla oppia "kolminaisuudesta yhdessä jumaluudessa". Hänen mukaansa Kristuksen jumalallinen luonne ei ollut Jeesuksen persoonallinen ominaisuus, vaan osa jumalallisen Isän säteilyä, joka oli Pojalla väliaikaisesti. Samoin Pyhä Henki oli osa jumalallista Isää. Ajatus ei kelvannut kaikille. Toiset vastustivat yhtä kiivaasti kuin toiset puolsivat.

Areiolaisuus

Areiolaisuus oli kristinuskon oppisuunta, jonka perustaja oli Aleksandrialainen pappi Areios n. 300 jaa. Areiolaisen ajattelun mukaan Kristus on Jumalan ensimmäinen luomus, eikä Isästä syntynyt. He eivät uskoneet Jumalan kolminaisuuteen vaan, että Poika oli joka suhteessa Isän vertainen ja myös samaa olemusta. Areioksen mukaan Poika oli välikappale, jonka kautta Isän tahto toteutettiin ja siksi Poika oli Isää alempi. Vastaavasti Pyhä Henki oli alempi kuin muut jumaluuden jäsenet.

Nikean kirkolliskokous

Areiolaisuutta kannatettiin ja arvosteltiin kiivaasti. Syntynyt riita raastoi kirkkoa. Lopulta keisari Konstan-

tinus puuttui asiaan rauhoittaakseen riitelevät kirkon-
miehet. Hän kutsui koolle Nikean kirkolliskokouksen
325 jaa. Kokous tuomitsi Areioksen opin ja Areios
itse joutui maanpakoon. Yleisen eli katolisen kirkon
oikeasta opista annettiin seuraava julistus:

*"Me uskomme yhteen Jumalaan, Isään Kaikki-
valtiaaseen, kaikkien näkyvien ja näkymättömien
Luojaan. Ja yhteen Herraan Jeesukseen Kristukseen,
Jumalan Poikaan, joka on Isästä syntynyt ainosyntyi-
nen, se on Isän olemuksesta, Jumala Jumalasta, Val-
keus Valkeudesta, tosi Jumala tosi Jumalasta, syntynyt
eikä tehty; joka on Isän kanssa yhtä olemusta, jonka
kautta kaikki ovat tehdyt, jotka ovat taivaassa ja
maan päällä; joka meidän ihmisten ja meidän pelas-
tuksemme tähden astui alas ja tuli lihaan ja syntyi
ihmiseksi; kärsi ja nousi ylös kolmantena päivänä,
astui ylös taivaisiin, ja on tuleva tuomitsemaan elävät
ja kuolleet. Ja Pyhään Henkeen. Mutta ne, jotka sano-
vat: 'oli aika, jolloin häntä ei ollut' ja 'ennen kuin hän
syntyi, häntä ei ollut', ja että 'hänet tehtiin tyhjästä'
tai jotka sanovat että Jumalan Poika on 'toista hypos-
taasia eli olemusta' tai 'muuttuva' tai 'toisenlaiseksi
tuleva', heidät kiroaa katolinen ja apostolinen kirkko."*

Kristillisen opin vaiheet s. 56-57

Tämä on nikealaisen uskontunnustuksen alkuperäi-
nen hyväksytty versio.

Nikean kirkolliskokous on ehkä kirkkohistorian
kuuluisin ja tärkein kirkon johtajien virallinen kokous.
Siellä ratkaistiin monia kiistakysymyksiä: väittely
pääsiäisen viettoajasta ratkaistiin, areiolaisuudesta
päästiin eroon, Novatuksen esittämä kysymys siitä,
voidaanko kirkkoon ottaa takaisin luopioita, jotka ovat
tehneet parannuksen, ym.

Seuraava suuri kirkollinen kokous oli Konstantinopolin kirkolliskokous, jonka keisari Theodosius I kutsui koolle v. 381 jaa. Nikealainen uskontunnustus muuttui jonkin verran mutta jäi pääosin ennalleen. Uskontunnustuksen uudistajana on pidetty Athanasiosta, joka oli areiolaisuuden päävastustaja.

Opillisten kiistojen jälkeen kirkko on lähes neljänsadan vuoden jälkeen saanut määriteltyä uskontunnustuksen. Tämä kertoo kirkon luopuneen alkuperäisestä opista ja siitä, että ollaan edelleen eksyksissä.

Kirkkoisä Augustinus

Aurelius Augustinus (354-430) toimi Hippon piispana n. 395-430 jaa., häntä pidetään läntisen kirkon merkittävimpänä kirkkoisänä. Augustinuksen oppeja:

- Kuolema ei tullut ihmiskunnan osaksi Aatamin fyysisen ruumiin vuoksi, vaan hänen syntinsä takia.

- Perisynnin takia lapsikaste on olennainen asia vastasyntyneiden pelastamiseksi kadotukselta.

- Kristuksen armo ei ainoastaan tarjoa anteeksiantoa menneisyyden synneistä, mutta tarjoaa apua tulevien syntien välttämiseen.

- Ilman Jumalan armoa ei ole pelkästään vain vaikeampaa, mutta täysin mahdotonta, tehdä mitään hyvää.

- Meidän tulee tunnustaa olevamme syntisiä, ei pelkästään nöyryydestä, vaan totuuden takia.

- Ihminen ei voi omilla teoillaan ansaita pelastusta. Augustinuksen näkemyksen mukaan:

"... jokainen ihminen oli predestinoitu (ennaltamäärätty) pelastukseen tai kadotukseen. Kaikki ansaitsivat joutua helvettiin, mutta armeliaisuutensa osoituksena Jumala oli nostanut jotkut sielut 'kadotuksen merestä' ja valinnut heidät ikuiseen elämään taivaassa."

Kristinuskon historia 2000 s.65

Pelagiolaisuus

Pelagius oli Augustinuksen aikalainen, Britanniassa syntynyt ja Roomassa asuva, arvonantoa nauttiva luostariveli. Hän esitti erilaisia näkemyksiä kirkon opiksi kuin Augustinus.

Pelagiuksen ajattelussa oli huoli kristittyjen moraalista: jos ihmisen teoilla ei ole mitään merkitystä, niin miksi lainkaan elää hyveellisesti? Tai jos ihminen on täysin kyvytön tekemään mitään hyvää, niin miten hän voi olla vastuussa teoistaan? Pääkohtia hänen ajattelustaan:

- Vaikka Aatami ei olisi syyllistynyt syntiin, hän olisi joka tapauksessa kuollut (Saar. 3:19) sillä hänellä oli materiaalinen, kuolevainen ruumis.

- Lapset syntyvät samassa viattomuuden tilassa kuin Aatami oli ennen syntiinlankeemusta (Matt. 19:14, Mark. 10:14).

- Aatamin synti vahingoitti vain häntä itseään, ei hänen jälkeläisiään (Hes. 18:19-21) lapsia ei voida syyttää eikä tuomita heidän isiensä rikoksista.

- Ihmissuvun kuolevaisuus ei johdu Aatamin synnistä eikä kuolemasta, eikä pelastus riipu yksin Kristuksen ylösnousemuksesta vain Jumala itse pelastaa armollaan. (Mark. 10:17-21, Luuk. 10:25-28).

- Mooseksen lakia on mahdollista noudattaa, ja sen noudattaminen pelastaa siinä missä evankeliumitkin, olennaista on elää rakkauden kaksoiskäskyn mukaisesti. (Mark. 12:28-34, Luuk. 10:25-28).

- Jopa ennen Kristusta oli olemassa synnittömiä ihmisiä. (Luuk. 1:5-6, Room. 5:14).

Pelagiolaisuus julistettiin harhaopiksi Kathagon kirkolliskokouksessa vuonna 411 jaa. sekä myöhemmin Efeson kirkolliskokouksessa 431 jaa., jonka kutsui koolle Itä-Rooman keisari Theodosius II.

Kieroutunut käsitys elämästä

Kirkossa jo varhain levinnyt harhaoppi ruumiin ja hengen vastakkaisuudesta, jossa ruumista pidettiin taakkana ja kirouksena. Tämä ajattelu on yksi kieroutumista, joka sai alkunsa gnostilaisuuden vaikutuksesta. Tällainen oppi johti voimakkaaseen kiinnostukseen erakkoelämää kohtaan: ihmiset pyrkivät kiduttamaan ja alistamaan ruumistaan, jotta heidän sielunsa saisi suuremman vapauden. Monet vetäytyivät erämaan yksinäisyyteen harjoittaen ankaraa kieltäymystä ja mieletöntä itsekidutusta. Tästä luonnottomasta elämänkäsityksestä monet erakko- ja munkkiveljeskunnat saivat alkunsa. Vapahtajalla oli varmaankin mielessään juuri tällaiset kun Hän varoitti opetuslapsia vääristä pyhyyden vaatimuksista:

"Jos siis teille sanotaan: 'Hän on tuolla autio- maassa', älkää lähtekö sinne, tai jos sanotaan: 'Hän on sisällä talossa', älkää uskoko sitä." (Matt.24:26).

Neljännellä vuosisadalla keisari Konstantinuksen hallitessa syntyi useita erakkoyhdyskuntia. Historioitsija kertoo:

"... väittivät, että yhteyttä Jumalaan oli etsittävä kuolettamalla aistit, kääntämällä mieli pois ulkonaisista tavoitteista, kiduttamalla ruumista nälällä ja vaivalla ja antautumalla pyhään toimettomuuteen, joka rajoitti sielun toiminnan toimettomaan hengellisten ja maallisten asioiden mietiskelyyn."

"Kristillinen kirkko ei olisi koskaan joutunut tämän julman ja asosiaalisen hurmahenkisyyden häpäisemäksi eikä kukaan olisi joutunut sen mukanaan tuomaan ankaraan hengen ja ruumiin kärsimykseen, elleivät monet kristityt olisi varomattomuudessaan antautuneet tämän jo ammoin esitetyn filosofisen elä-

mänohjeen näennäisen loogisuuden ja mahtipontisten sanojen valtaan: 'Jotta voidaan saavuttaa tosi onni ja yhteys Jumalaan, on välttämätöntä, että sielu erotetaan ruumiista jo täällä maan päällä ja että ruumista piinataan ja kidutetaan tätä päämäärää varten.'"
Mosheim: Ecclesiastical History, 4 vuosisata osa III 3:12-13.

Tämä pahuuden kylvö johti munkkijärjestöjen ja luostareiden syntyyn. Naimattomuutta opetettiin hyveenä ja sitä alettiin vaatia papistolta. Naimattomalta papilta riistettiin normaali kotielämä. Papit ovat tämän vuoksi vajonneet monenlaiseen irstauteen, joista on saatu tietoa kautta vuosisatojen.

"Herra Jumala sanoi: 'Ei ole hyvä ihmisen olla yksinään. Minä teen hänelle kumppanin, joka sopii hänen avukseen.'", edelleen "Siksi mies jättää isänsä ja äitinsä ja liittyy vaimoonsa, niin että he tulevat yhdeksi lihaksi." (Moos.2:18,24).

"Herran edessä ei kuitenkaan ole naista ilman miestä eikä miestä ilman naista." (1Kor.11:11).

Näistä Raamatun lauseista huolimatta luopiokirkko sääti virkamiehilleen naimattomuuden.

Neljännellä vuosisadalla kirkossa oli vallalla opit, jotka poikkesivat totuudesta. Opetettiin:

"että oli hyveellistä pettää ja valehdella, jos siten edistettiin kirkon etua".
Mosheim: Ecclesiastical History, 4. Vuosisata, oca II, 3:16.

Tietenkin myös muut synnit kuin valehteleminen ja pettäminen olivat oikeutettuja kun ajateltiin edistettävän kirkon asiaa. Rikos annettiin anteeksi sillä perusteella, että tarkoitus pyhitti keinot.

Muutokset kirkon palvelusmenoihin

Pakanat pilkkasivat alkukirkkoa sen yksinkertaisten jumalanpalvelusmenojen vuoksi ja jo varhain ilmeni halua tuoda jumalanpalvelusmenoihin mukaan piirteitä juutalaisten seremonioista ja pakanoiden epäjumalanpalveluksista.

Yksi oleellinen syy, joka johti kirkon luopumukseen oli ilman oikeaa valtuutta tehdyt muutokset palvelusmenoihin ja lisäykset tärkeiden toimitusten suorittamisessa. Historioitsija kertoo:

"Mitään niin puhdasta ja erinomaista järjestelmää ei ole olemassa, jota turmelus ja ihmisen mielettömyys eivät ajan oloon huonontaisi ja joka ei saisi niistä luonteelleen vieraita vaikutteita. Juuri näin kävi kristinuskolle. Tällä vuosisadalla lisättiin kristilliseen jumalanpalvelukseen monia tarpeettomia menoja ja seremonioita, joiden käyttöönotto oli viisaitten ja hyvien ihmisten mielestä äärimmäisen vastenmielistä. Nämä muutokset hävittivät evankeliumin yksinkertaisen kauneuden, mutta miellyttivät tietysti karkeaa rahvasta, joka nauttii enemmän ulkonaisesta loistosta ja komeudesta kuin järkevän ja tervehenkisen hurskauden luontaisesta viehätysvoimasta ja joka yleensä kiinnittää varsin vähän huomiota mihinkään muuhun kuin sellaisiin seikkoihin, jotka vetoavat ihmisen ulkonaisiin aisteihin."

"... vertailu kristillisen ehtoollisen ja juutalaisen uhri ja uhraamisen välillä aikaansai joukon tarpeettomia menoja ja oli alkusyynä siihen virheelliseen käsitykseen ehtoollistoimituksesta, että se merkitsee todellista uhraamista eikä vain sen suuren uhrin muiston viettämistä, joka kerran annettiin ristillä kuolevaisten ihmisten syntien tähden."

Mosheim: Ecclesiastical History, 2. Vuosisata, osa II, luku 4.

Kunnioitus, jota oli osoitettu ensimmäisten marttyyrien maallisia jäännöksiä kohtaan muuttui neljännellä vuosisadalla taikauskoiseksi palvonnaksi. Pyhiinvaellusmatkoista marttyyrien haudoille muodostui hartaudenharjoituksen muoto. Marttyyrien tuhkaa, maata ja tomua paikoista, joiden sanottiin olevan pyhiä myytiin hyvällä hinnalla tehokkaana parannuskeinona. Luopumus alkuperäisestä evankeliumista on selkeästi nähtävissä. Silti ratkaisevampaa on muutokset ja vääristelyt, jotka on tehty Kristuksen kirkon tärkeimpiin pyhiin toimituksiin.

Kastetoimitus muuttuu

Mikä oli kasteen tarkoitus, mitä siihen alun perin kuului ja miten se toimitettiin? Kaste on pelastuksen kannalta välttämätön. Se on kristillisen kirkon yleinen käsitys yhtä hyvin varhaisina aikoina kuin myös nykyisin. Kasteen tarkoitus on syntien anteeksi saaminen. Se on ainoa keino päästä Kristuksen kirkon jäseneksi.

Alkukirkossa kaste toimitettiin viipymättä kun ehdokas tunnusti uskovansa ja osoitti tehneensä parannuksen. Kastamisen suoritti upottamalla joku, jolla oli tarvittava pappeuden valtuus. Esimerkkejä kasteista:

"Kuullessaan tämän kaikki tunsivat piston sydämessään, ja he sanoivat Pietarille ja muille apostoleille: 'Veljet, mitä meidän pitää tehdä?' Pietari vastasi: 'Kääntykää (tehkää parannus v.38 käännös) ja ottakaa itse kukin kaste Kristuksen nimeen, jotta syntinne annettaisiin anteeksi. Silloin te saatte lahjaksi Pyhän Hengen." (Ap.t.2:37,38).

Filippos kastoi etiopialaisen käännynnäisen heti:

"Matkan jatkuessa he tulivat paikkaan, jossa oli vettä. Silloin hoviherra sanoi: 'Tässä on vettä. Estääkö

mikään kastamasta minua?' Filippos sanoi hänelle: 'Jos koko sydämestäsi uskot, se on mahdollista.' Hoviherra vastasi: 'Minä uskon, että Jeesus Kristus on Jumalan Poika.' Hän käski pysäyttää vaunut, ja he molemmat, Filippos ja hoviherra, astuivat veteen, ja Filippos kastoi hänet." (Ap.t.8:36-38).

Hurskas Cornelius ja hänen perheensä kastettiin viivyttelemättä:

"Pietari sanoi: 'Kuka voin estää kastamasta vedellä näitä, jotka ovat saaneet Pyhän Hengen niin kuin mekin?' Hän käski kastaa heidät Jeesuksen Kristuksen nimeen. He pyysivät sitten häntä jäämään sinne vielä muutamaksi päiväksi." (Ap.t.10:47,48).

Paavali kastoi vankina olleessaan vartijansa:

"He vastasivat: 'Usko Herraan Jeesukseen, niin pelastut, sinä ja sinun perhekuntasi.' He puhuivat sitten Herran sanaa hänelle ja koko talon väelle. Heti paikalla, keskellä yötä, vanginvartija otti heidät hoiviinsa ja pesi ruoskaniskujen haavat, ja hänet ja hänen perhekuntansa kastettiin heti." (Ap.t.16:31-33).

Paavali kertoo kasteesta ja uudesta elämästä:

"Näin meidät kasteessa annettiin kuolemaan ja haudattiin yhdessä hänen kanssaan, jotta mekin alkaisimme elää uutta elämää, niin kuin Kristus Isän kirkkauden voimalla herätettiin kuolleista." (Room.6:4).

Kuitenkin toisella vuosisadalla kasteitten suorittaminen rajoitettiin kahteen juhla-aikaan, pääsiäiseen ja helluntaihin. Ehdokkaalta vaadittiin pitkä ja uuvuttava valmistautuminen ennen kuin hänet todettiin kelvolliseksi. Valmistautumisaikana häntä kutsuttiin katekumeeniksi (kastekokelaaksi). Joidenkin asiantuntijoiden mukaan tuolloin vaadittiin jopa kolmen vuoden valmistautumisaika ennen kastetta.

Kastetoimitukseen tehtiin monenlaisia lisäyksiä, joiden tarkoitus oli korostaa uudestisyntymistä. Kastettuja kohdeltiin kuin lapsia ja heitä ruokittiin maidolla ja hunajalla. Koska kasteen katsottiin olevan saatanan orjuudesta vapauttava tapahtuma, mukaan lisättiin orjien vapauttamisseremonioita. Öljyllä voitelusta tehtiin osa kastetoimitusta. Kastepäivästä lähtien pidättäydyttiin tavallisesta pesusta kokonaisen viikon ajan.

Kolmannella vuosisadalla alun perin yksinkertaiseen kastetoimitukseen lisättiin henkien manaajan loitsut, jossa virkailija puhui uhaten, kiivaillen ja hirveästi huutaen. Tarkoituksena oli karkottaa demonit, joiden ajateltiin ahdistavan kastekokelasta. Tällaiset taikauskoiset seremoniat ovat osoituksena pakanuuden rappeuttavasta vaikutuksesta kristinuskoon.

Kastamisen muoto koki muutoksen kolmannen vuosisadan ensimmäisen puoliskon aikana. Upottamista, joka oli vertauskuva kuolemasta ja sitä seuraavasta ylösnousemuksesta, ei pidetty enää oleellisena. Vedellä pirskottelu tuli tilalle ja kasteeseen liittyvä vertauskuvallisuus hävisi. Pirskottelun sopivuutta veteen upottamisen sijaan ruumiillisesti heikkoja kastettaessa kannatti Karthagon piispa Cyprianus. Näin sai alkunsa myöhemmin yleiseksi tullut käytäntö.

Neljännellä vuosisadalla oli tapana panna suolaa kastetun jäsenen suuhun puhdistautumisen vertauskuvana. Kastettava voideltiin öljyllä ennen kastetoimitusta ja myös sen jälkeen.

Ei riittänyt, että kastetoimituksen muoto muuttui, myös kasteen käyttö ja tarkoitus vääristyi. Lasten kastaminen hyväksyttiin oikeaoppiseksi kolmannella vuosisadalla. Kiisteltiin siitä, oliko turvallista lykätä lasten kastamista kahdeksanteen elinpäivään. Ajatel-

tiin, että kasteen lykkääminen olisi vaarallista koska
siten vaarannettaisiin lapsen tulevaisuus jos hän
sattuisi kuolemaan ennen kahdeksan päivän ikää. Vielä
nykyisinkin on olemassa ns. "hätäkaste" -käytäntö,
jossa lapsi kastetaan jos hän esim. sairauden vuoksi on
vaarassa menehtyä.

Häpeällisempää oppia kuin kastamattoman lapsen
tuomitseminen on vaikea kuvitella. Selkeä osoitus
varhaisen kirkon harhaopeista.

Muutokset Herran ehtoollisen toimittamisessa

Kristuksen kirkossa Herran ehtoollisen sakramenttia
on pidetty tärkeänä toimituksena sen asettamisesta
lähtien. Sakramentin pyhyydestä huolimatta on tehty
suuria muutoksia sakramentin vertauskuvallisuuteen ja
alkuperäiseen tarkoitukseen.

Vapahtajan asettama sakramentti oli yksinkertainen,
pyhä ja ylevä. Luopumuksen hengen vaikutuksesta
yksinkertaisuudesta tuli moitteen ja arvostelun aihe.
Kolmannella vuosisadalla otettiin käyttöön pitkiä
sakramenttirukouksia ja monenlaista loistokkuutta.
Varakkaat seurakunnat käyttivät mahtailevasti kultaisia
ja hopeisia astioita.

Sakramenttitoimituksen ajankohdasta nousi eri-
mielisyyttä – oliko aamu parempi kuin keskipäivä vai
olisiko ilta sopivampi aika sakramentin nauttimiselle.
Kiisteltiin myös siitä, kuinka usein sakramentti tulisi
nauttia.

Transsubstaatio tarkoittaa, että ehtoollisaineet leipä
ja viini muuttuvat ristiinnaulitun Kristuksen vereksi
ja ruumiiksi. Tämän muutoksen otaksutaan tapahtu-
van sellaisella mystisellä tavalla, ettei sitä voi aistein

havaita. Trenton kirkolliskokous 1545 jaa. tekee yhteen-
vedon katolisesta uskosta lausuessaan:

*"Koska siis Vapahtajamme Kristus sanoi sen, minkä
hän leivän hahmossa esiinkantoi, olevan todellisesti
hänen ruumiinsa, niin Jumalan kirkko on aina ollut
vakuuttunut ja tämä pyhä synodi nyt uudestaan julis-
taa, että leivän ja viinin konsekraation (pyhittämisen)
kautta leivän koko substanssi (aines) ja viinin koko
substanssi hänen verensä substanssiksi. Tätä muuttu-
mista pyhä katolinen kirkko on soveliaasti ja asianmu-
kaisesti kutsunut olemuksen muuttumiseksi."*
Katolisen kirkon katekismus 1376.

Todistusaineiston esittäminen tällaista oppia
vastaan on tarpeetonta. Siunattuja leipää ja viiniä eli
"hostiaa", siis Kristuksen lihaa ja verta, palvotaan ja
kunnioitetaan kantamalla niitä juhlakulkueissa.

Koska ehtoollisaineet olivat aidosti Kristuksen
ruumiista, niitä pidettiin arvokkaina. Tästä syystä vain
papit nauttivat sekä viinin että leivän. Maallikot saivat
tyytyä pelkään leipään. Perusteluna oli, että viini ei ole
välttämätön, koska Kristus on läsnä jo leivässä.

Sakramentin selvä tarkoitus on kätketty mysteerien
ja seremonioiden hämäryyteen. Verrataan sitä Jeesuk-
sen asettaman toimituksen yksinkertaisuuteen:

*"Sitten hän otti leivän, siunasi, mursi ja antoi sen
opetuslapsilleen sanoen: 'Tämä on minun ruumiini,
joka annetaan teidän puolestanne. Tehkää tämä minun
muistokseni.' Aterian jälkeen hän samalla tavoin otti
maljan ja sanoi: 'Tämä malja on uusi liitto minun
veressäni, joka vuodatetaan teidän puolestanne.'"*
(Luuk.22:19-20).

Opetuslapset siis söivät leipää ja joivat viiniä
eivätkä lihaa ja verta. Heidän käskettiin tehdä se Kris-
tuksen muistoksi.

Sakramentin vääristyminen on osoitus etääntymisestä Kristuksen evankeliumin hengestä ja se kertoo kirkon luopumuksen tilasta.

Kirkon organisaatioon tehdyt muutokset

Alunperin kirkon virkamiehinä olivat apostolit, paimenet, ylipapit, seitsenkymmenet, vanhimmat, piispat (kaitsijat), papit, opettajat ja diakonit (seurakuntapalvelijat).

Ei ole olemassa mitään tietoa siitä, että apostolin virkaan olisi asetettu ketään niiden lisäksi, joiden toiminnasta kerrotaan Uudessa Testamentissa. Kirkkohistoriasta tiedämme, että aina kun seurakunta järjestettiin, sen johtoon määrättiin piispa. Apostoleja kunnioitettiin kirkon johtavina auktoriteetteina heidän eläessään. Perustaessaan uuden seurakunnan he valitsivat piispan ja alistivat nimityksen jäsenten äänestykseen. Kunnioitettiin yhteisen suostumuksen periaatetta.

Kun apostolit olivat kuolleet, piispoja ja muita virkamiehiä nimittivät arvossa pidetyt johtajat tai jotkut muut heidän toimeksiannostaan. Seurakuntia johtivat paikalliset virkamiehet. Eri seurakunnille oli ominaista keskinäinen yhdenvertaisuus. Ne eivät vaatineet määräysvaltaa toisiinsa nähden. Koko ensimmäisen vuosisadan ja pitkälle toista vuosisataa seurakunnat olivat toisistaan riippumattomia.

"...kristilliset seurakunnat olivat toisistaan riippumattomia; niitä ei myöskään liittänyt toisiinsa mikään yhdistyminen tai liitto tai mikään muu voima kuin rakkauden siteet. Jokainen kristillinen seurakunta oli oma itsenäinen yhteisönsä omine lakeineen, jotka yhteisö

joko sääti tai ainakin hyväksyi." Mosheim: Ecclesiastical History, 2. vuosisata, osa II, luku 2:2.

Piispat ja seurakunnat olivat keskenään samanarvoisia. Toisen vuosisadan lopulla ja kolmannen aikana piispojen kesken alkoi syntyä suuria arvoeroja. Suurten kaupunkien piispat ottivat itselleen muista erottuvan arvonimen metropoliitta ja anastivat johtavan aseman pienempien seurakuntien piispoihin nähden.

Toisella vuosisadalla pidettiin synodeja eli kirkolliskokouksia. Käytäntö alkoi Kreikassa ja levisi koko kirkkoon. Tällaisten kokousten valta kasvoi ja tultaessa kolmannelle vuosisadalle ne säätivät lakeja, määräyksiä ja käskyjä asioista, joista aiemmin oltiin äänestetty. Kirkon hallintoon pesiytyi ylimielisyyttä ja tyranniaa tämän vallan anastamisen seurauksena. Kirkon hallinnon muuttuessa syntyi monia alempia papillisia virkoja, kuten alidiakonit, alttaripalvelijat, ostiaatit, lukijat, henkienmanaajat ja kopiaatit. Hierarkia, jossa alidiakonia oli kielletty istumasta ilman lupaa diakonin läsnä ollessa on esimerkki ylpeydestä ja ylimielisyydestä.

Maailmanvalta Rooma anasti vallan myös kirkossa. Rooman piispa vaati itselleen koko kirkon johtoasemaa.

Rooman piispojen oikeutta ylivaltaan ei hyväksytty. Kun keisari Konstantinus muutti valtakunnan pääkaupungin Byzantioniin vuonna 332 jaa. eli myöhemmin tunnettuun Konstantinopoliin niin Konstantinopolin piispa vaati tasavertaisuutta Rooman piispan kanssa. Tämä aiheutti kirkossa jatkuvaa kiistaa, joka johti lopulta suureen hajaannukseen.

Viimeinen yhteinen kirkolliskokous oli 787 jaa., jossa syntyi opillinen ristiriita kun Rooman kirkko lisäsi Nikean uskontunnustukseen sanan Filioque (Pojasta), joka tarkoittaa Pyhän Hengen lähtevän paitsi Isästä myös Pojasta. Tätä ei Konstantinopolissa hyväksytty. Idän ja lännen kirkot olivat kehittyneet jo muutenkin eri suuntiin. Lopulta paavi Leo IX:n legaatti kardinaali Humbertus ja Konstantinopolin patriarkka Mikael Kerularios julistivat toisensa kirkon kiroukseen 1054 jaa. Kiroukset olivat voimassa vuoteen 1965 saakka.

Rooman piispan valinta tapahtui pitkään kansan ja papiston äänestyksellä. Myöhemmin valinta siirtyi pelkästään papistolle. Yhdennellätoista vuosisadalla valinta siirtyi kardinaalikolleegiolle, joka käytäntö on voimassa nykyäänkin.

Rooman piispat pyrkivät saamaan hengellisen vallan lisäksi myös maalisen vallan. He vaativat oikeutta ohjata kansakuntien ruhtinaita ja hallitsijoita. Rooman piispat ottivat käyttöönsä nimityksen paavi, joka merkitsee isää ja isällistä asemaa koko maailmaan nähden. Paaveille ei riittänyt herruus kirkon asioissa, he katsoivat olevansa koko maailman valtiaita.

Luopumuksen hedelmät

Verrataan röyhkeää maailmankirkkoa Kristuksen kirkkoon. Jeesus sanoi Pilatukselle: *"Minun kuninkuuteni ei ole tästä maailmasta. Jos se kuuluisi tähän maailmaan, minun mieheni olisivat taistelleet, etten joutuisi juutalaisten käsiin. Mutta minun kuninkuuteni ei ole peräisin täältä."* (Joh.18:36).

Tästä huolimatta kirkko, joka kerskaa olevansa jumalallista alkuperää ja Kristuksen perustama, kohottaa itsensä kuninkaitten ja hallitsijoitten yläpuolelle ja mahdiksi kansakuntien asioissa.

Ruumiillinen rangaistus

Neljännellä vuosisadalla kirkko antoi julistuksen:

"...uskonnollisista erehdyksistä, jos niitä jatkettiin ja ylläpidettiin sen jälkeen, kun niistä oli sopivalla tavalla nuhdeltu, oli rangaistava siviilirangaistuksilla ja ruumiillisella kidutuksella".

Mosheim: Ecclesiastical History, 4. vuosisata, osa II, luku 3:16.

Vuosien kuluessa tämän säädöksen toimeenpano kävi yhä julmemmaksi. Yhdennellätoista vuosisadalla todetaan kirkon määränneen sakkoja, vankeutta ruumiillista kidutusta ja jopa kuolemanrangaistuksia kirkon sääntöjen loukkaamisesta. Vielä alhaisempaa oli, että sopivasta rahasummasta rangaistuksia voitiin

lieventää tai kokonaan kumota. Tämä johti järkyttä-
vään menettelyyn aneiden eli synninpäästöjen myyn-
tiin. Seurasi vielä kauheampi äärimmäisyys: aneita
myytiin jo ennen kuin rikkomusta oli tehty. Myytiin
siis synnin teko lupia, joihin liittyi vakuutus ajallisesta
ja lupaus hengellisestä vapautuksesta.

Aneet

Oikeus myöntää aneita oli alkuunsa piispoilla ja heidän
valtuuttamillaan asiamiehillä. Käytäntö järjestettynä
anekauppana juontaa kahdennentoista vuosisadan
vaiheilta. Tämä oli vasta alkua, paavit menivät vielä
pidemmälle jumalan pilkassaan lupaamalla vapautuk-
sen tämän elämän jälkeisistä rangaistuksista rahaa
vastaa. Perustelu tälle käytännölle oli yhtä vastenmie-
linen kuin koko asia. Oppi ylimääräisistä hyvistä töistä
muotoutui kolmannellatoista vuosisadalla:

*"Että oli todella olemassa suunnaton ansioaarre,
joka koostui hurskaista teoista ja hyveellisistä toimista,
joita pyhimykset olivat suorittaneet yli heidän omalle
pelastukselleen välttämättömän määrän ja joita niin
ollen voitiin käyttää muiden hyväksi, ja että tämän
kallisarvoisen aarteen vartijana ja jakelijana oli Roo-
man paavi ja että hänellä sen vuoksi oli valtuus suoda
sopiviksi katsomilleen tästä ehtymättömästä ansiova-
rastosta osa, joka vastasi heidän kunkin syyllisyyttä,
joka riitti vapauttamaan heidät heidän rikoksistaan
koituvasta rangaistuksesta."*

Mosheimin lainaamana, ks. Ecclesiastical History, 12. vuosisata, osa II, luku 3:4.

Tämä oppi on yhtä järjetön ja väärä kuin pyhiin
kirjoituksiin perustumatonkin. Ihmisen oma vastuu
omista teoistaan on yhtä varma tosiasia kuin hänen
voimansa toimia oman tahtonsa mukaan. Ihminen

pelastuu Lunastajamme ja Herramme ansioitten ja
sovitusuhrin kautta ja hänen oikeutensa tarjottuun
pelastukseen riippuu hänen mukautumisestaan evan-
keliumin periaatteisiin ja toimituksiin sellaisena kuin
Jeesus Kristus on ne säätänyt.

Syntien lunastuksesta ja ihmissielun lopullisesta
pelastumisesta on pidetty huoli mutta näitä Jumalan
lahjoja ei voi ostaa rahalla. Verrataan tätä Jumalaa pilk-
kaavaa, ylimääräisten hyvien töiden oppia, antaa yhden
synnit anteeksi toisen ansioiden perusteella, Vapahta-
jan julistukseen:

*"Minä sanon teille: jokaisesta turhasta sanasta,
jonka ihmiset lausuvat, heidän on tuomiopäivänä teh-
tävä tili."* (Matt.12:36).

Hänen innoitettu apostolinsa, näki profeetallisessa
näyssä:

*"Näin myös kuolleet, suuret ja pienet, seisomassa
valtaistuimen edessä. Kirjat avattiin, avattiin myös elä-
män kirja, ja kuolleet tuomittiin sen perusteella, mitä
kirjoihin oli merkitty, kukin tekojensa mukaan. Meri
antoi kuolleensa, Kuolema ja Tuonela antoivat kuol-
leensa, ja kaikki heidät tuomittiin tekojensa mukaan."*
(Ilm.20:12,13).

Pyhät kirjoitukset julistavat iankaikkista totuutta
yksilön vastuusta, silti kirkko rappionsa päivinä selitti,
että yhden ansiot voi ostaa toinen ja maksaa maalli-
sella valuutalla. Voiko sellainen kirkko olla Kristuksen
kirkko?

Selostus paavin asiamiehen Johann Tetzelin toi-
minnasta hänen myydessään syntien anteeksiantoa.
Historioitsija kertoo:

*"Myconius vakuuttaa meille, että hän itse kuuli
Tetzelin uskomattoman röyhkeästi ja mahtipontisesti
saarnaavan paavin rajattomasta valasta ja aneiden*

voimasta. *Ihmiset uskoivat, että sillä hetkellä, kun joku maksoi aneensa, hän sai varmuuden pelastuksestaan, ja että sielut, joiden hyväksi ostettiin aneita, vapautettiin heti kiirastulesta... Johan Tetzel kerskui pelastaneensa aneillaan enemmän sieluja helvetistä kuin pyhä Pietari oli saarnoillaan käännyttänyt kristinuskoon. Hän vakuutti aneiden ostajille, että näiden rikokset annettiin anteeksi, olivatpa ne kuinka kauheita tahansa. Sen vuoksi hänen oli miltei tarpeetonta käskeä heitä karkottamaan mielestään kaikki pelastumistaan koskeva pelko. Olihan täydellinen anteeksianto synneistä jo saatu; mitä epäilystä oli enää pelastumisesta?"* Milner: History of the Church, 16. vuosisata, luku 2.

Tetzellin kirjoittamasta aneesta on säilynyt jäljennös:

"Olkoon Herramme Jeesus Kristus armollinen sinulle ja vapauttakoon sinut kaikkein pyhimmän kärsimyksen ansioilla. Ja minä, Hänen valtuudellaan ja hänen apostoliensa Pietarin ja Paavalin valtuudella ja sillä valtuudella, jonka pyhä paavimme on antanut ja suonut minulle näissä asioissa, totisesti päästän sinut ensiksi kaikista kirkollisista syytöksistä, mistä lienevätkin aiheutuneet; ja sitten kaikista synneistä, rikkomuksista ja huonoista elämäntavoista, kuinka pahoja lienevätkin olleet, jopa niistäkin, jotka on pidätetty pyhän istuimen käsiteltäviksi; ja niin pitkälle kuin pyhän kirkon avaimet ulottuvat, minä vapautan sinut kaikesta rangaistuksesta, minkä ansaitsisit kiirastulessa syntiesi tähden; ja minä palautan sinut kirkon pyhien sakramenttien yhteyteen ja uskollisten yhteyteen ja siihen viattomuuteen ja puhtauteen, joka sinulla oli kasteen hetkellä. Niin että kun sinä kuolet, rangaistuksen portit ovat sinulta suljetut ja paratiisin ilon portit avataan; ja jos et vielä kuole, tämä armo

*pysyy täydessä voimassa kuolemasi hetkeen saakka.
Nimeen Isän, Pojan ja Pyhän Hengen."* Milner: History of the
Church, 16. vuosisata, luku 2.

Katolinen kirkko on puolustanut aneita väittämällä, että jokaiselta anetta haluavalta vaadittiin synnintuntoa tai parannusta. Synninpäästö myönnettiin katumuksen perusteella eikä ensisijaisesti rahaa vastaan. Aneen saajat aluksi vapaaehtoisesti ja myöhemmin vakiintuneemmin tekivät kirkolle lahjoituksen. Trenton kirkolliskokous 1545 - 63 jaa. totesi anekaupan tuoton huvenneen erilaisiin välikäsiin ja anekäytäntö todettiin toivottomaksi jatkaa ja lakkautettiin. Tästä huolimatta pysyy kauhistavana tosiasiana, että kirkko oli neljän sadan vuoden ajan väittänyt paavilla olevan vallan antaa anteeksi kaikki synnit ja että lupauksia anteeksiannosta myytiin ja ostettiin.

On selvää jumalanpilkkaa kun ottaa itselleen jumalallista valtaa ja oikeuksia. Rooman paavi, joka oli ainoan siihen aikaan tunnustetun kirkon päämies, kuvitteli voivansa vapauttaa ihmisiä kuoleman jälkeisistä rangaistuksista, jotka ovat seurausta heidän elämänsä aikana tekemistään synneistä. Paavi muka jakaisi oikeutta kuin itse Jumala! Tämähän on kuin suoraan lopunajan ennustuksesta:

"Älkää antako kenenkään millään tavoin johtaa itseänne harhaan. Ennen tuota päivää näet tapahtuu uskosta luopuminen ja ilmaantuu itse laittomuus ihmishahmossa, kadotuksen ihminen. Hän, Vastustaja, korottaa itsensä kaiken jumalana pidetyn yläpuolelle, asettuu itse istumaan Jumalan temppeliin ja julistaa olevansa Jumala." (2Tess.2:3,4).

Trenton kirkolliskokous määräsi tiukkoja säädöksiä, joissa kansalta kiellettiin oikeus lukea Raamattua.

"Säädettiin ankara ja suvaitsematon kaikkia pyhien

*kirjoitusten tulkitsijoita ja selittäjiä koskeva laki,
jossa heitä kiellettiin selittämästä näiden jumalallis-
ten kirjojen tarkoitusta niin uskoa kuin käytäntöäkin
koskevissa asioissa niin, että he joutuisivat käyttä-
mään jotakin muuta kieltä kuin sitä, mikä oli kirkon ja
muinaisten oppineiden kieli. Sama laki julisti edelleen,
että ainoastaan kirkolla (so. sen hallitsijalla Rooman
paavilla) oli oikeus ratkaista, mikä oli jonkin raa-
matunkohdan todellinen merkitys ja sisältö Näiden
tyrannimaisten ja epäoikeudenmukaisten toimenpi-
teiden lisäksi Rooman kirkko piti itsepintaisesti kiinni
väitteestään – joskaan ei aina yhtä harkitsemattomin
ja selvin sanoin – että pyhät kirjoitukset eivät olleet
tarkoitetut kansan käyttöön vaan ainoastaan sen hen-
gellisten opettajien käytettäväksi, ja niin muodoin se
määräsi nämä jumalalliset aikakirjat otettavaksi pois
kansalta kaikkialla, missä sen sallittiin panna täytän-
töön mielivaltaisia määräyksiään."*

Mosheim: Ecclesiastical History, 16. vuosisata, osa I, luku 1:25.

Pimeyden verho

Pimeyden verho oli laskeutunut maanpiirin ylle. Kris-
tuksen kirkko oli kauan sitten lakannut olemasta. Juma-
lallisella valtuudella annetun pappeuden asemasta
ihmisten luoma paavius hallitsi rautaisella kädellä.

Mikään rikos ei ollut liian suuri paavinkruunun
voittamiseen. Vuosisatojen ajan monien paavien ja
heidän alaistensa moraalittomuus on järkyttävää luet-
tavaa. Tri J. W. Drapper selostaa paavinvallan kulkua:

*"Joistakuista saattaa tuntua siltä, että jos pelkäs-
tään uskonnon edut otetaan huomioon, olisi parasta
jättää pois kaikki paavien elämänkertaan liittyvät
maininnat, mutta aiheen objektiivinen käsittely ei*

sitä kuitenkaan salli. Paaviuden keskeinen periaate
siitä, että Rooman paavi on Kristuksen sijainen maan
päällä, vaatii meitä välttämättä tutkimaan hänen
persoonaansa. Miten voimme ymmärtää hänen
uskoansa, ellemme näe sen vaikutusta hänen elämäs-
sään? Tosiasia on, että juuri näiden seikkojen onneton
suhde oli vaikuttavana syynä Saksassa, Ranskassa ja
Englannissa syntyneisiin liikkeisiin, joiden seurauksena
paavivallan kausi vaikuttavana poliittisena tekijänä
päättyi. Ja näitä liikkeitä ja suuntauksia voi ymmärtää
vain, jos on riittävästi tietoa paavien yksityiselämästä
ja mielipiteistä. On hyvä niin paljon kuin mahdollista
olla rasittamatta järjestelmiä yksilöitten epätäydel-
lisyyksillä. Tässä tapauksessa ne liittyvät erottamat-
tomasti yhteen. Paaviuden erityinen omalaatuisuus
on siinä, että vaikka sen historia lienee kunnioitusta
herättävä, niin paavien elämänkertatietoihin sisältyy
paljon pahamaineista. Minä kuitenkin vältän puhu-
masta siitä tässä jälkimmäisessä mielessä enempää
kuin tilanne välttämättä vaatii; sivuutan vaieten joita-
kin asioita, jotka voisivat syvästi järkyttää uskovaista
lukijaani. Sen vuoksi käsittelen vain kahdeksannen
vuosisadan puolivälistä yhdennentoista vuosisadan
puoliväliin kestävää ajanjaksoa, ja esitän puolueet-
tomalle arvostelijalle puolustuksenani sen, että tässä
luvussa huomioni on kiintynyt pääasiallisesti juuri
näihin vuosisatoihin.

Kun paavi **Pyhä Paavali I**, joka oli saanut paavi-
viran vuonna 757 kuoli, Nepin herttua käski eräiden
piispojen vihkiä Konstantinuksen, yhden hänen veljis-
tään paaviksi, mutta laillisemmat valitsijat valitsivat
myöhemmin, vuonna 768, paaviksi **Stephanus IV:n**, ja
vallananastajaa ja hänen kannattajiaan rangaistiin
ankarasti: Konstantinuksen silmät puhkaistiin, piispa
Theodoruksen kieli katkaistiin, ja hänet jätettiin van-

kityrmään nääntymään janoon. Paavi **Hardianuksen**
*veljenpojat vangitsivat kadulla hänen seuraajansa
paavi* **Leo III:n** *vuonna 795, veivät hänet lähellä ole-
vaan kirkkoon ja yrittivät puhkaista hänen silmänsä
ja leikata irti hänen kielensä. Myöhemmin tämän
paavin yrittäessä tukahduttaa hänen vallasta syökse-
misekseen perustetun salaliiton Roomasta tuli kapi-
nan, murhatöiden ja yleisen levottomuuden näyttämö.
Hänen seuraajansa* **Stephanus V** *ajettiin häpeällisesti
pois kaupungista vuonna 816, ja hänen seuraajansa*
Paschalis I:tä *syytettiin siitä, että hän oli sokaissut ja
murhannut kaksi pappia Lateraalipalatsissa.*

*Keisarillisten viranomaisten oli tutkittava asiaa,
mutta paavi kuoli vakuutettuaan valalla vannoen syyt-
tömyyttään kolmenkymmenen piispan edessä.* **Johan-
nes VIII,** *joka vuonna 872. oli kykenemätön tekemään
vastarintaa muhamettilaisille, pakotettiin maksamaan
näille veroa, ja Napolin piispa, joka oli salaliitossa
muhamettilaisten kanssa, sai osuutensa heidän kerää-
mästään ryöstösaaliista. Hänet Johannes julisti pan-
naan ja kieltäytyi vapauttamasta häntä siitä, ellei hän
kavaltaisi muhamettilaisten johtajia ja surmaisi muita
omakätisesti. Oli olemassa kirkollinen salaliitto paavin
murhaamiseksi; osa kirkon aarteista anastettiin ja St.
Pancraxian portti avattiin väärillä avaimilla, jotta
saraseenit pääsivät kaupunkiin.* **Formosus,** *joka oli
ottanut osaa näihin toimiin ja julistettu pannaan veh-
keilystä Johanneksen murhaamiseksi, valittiin paaviksi
myöhemmin vuonna 891. Häntä seurasi vuonna 896.
Bonifatius, joka oli erotettu diakonin ja myöhemmin
papin virasta siveettömän ja irstaan elämänsä vuoksi.
Hänen seuraajansa* **Stephanus VII:n** *määräyksestä
Formosuksen ruumis otettiin haudasta, puettiin paavin
asuun ja pönkitettiin tuoliin istumaan, ja sitä kuulus-
teltiin neuvoston edessä.*

Järjettömän ja karmean näytöksen päätteeksi ruumiista leikattiin irti kolme sormea, ja sitten se heitettiin Tiberiin. Mutta Stephanuksen omana kohtalona oli joutua todistamaan esimerkillään, kuinka alas paavius oli vajonnut: hänet heitettiin vankilaan ja kuristettiin. Viiden vuoden aikana, vuodesta 896 vuoteen 900, asetettiin virkaan viisi paavia. Leo V:n, joka tuli paaviksi vuonna 904, syöksi vankilaan vajaan kahden kuukauden kuluttua Kristophorus, yksi hänen hovikappalaisistaan, joka anasti hänen paikkansa mutta jonka vuorostaan pian karkotti Roomasta Sergiu III:n anastaessaan asevoimin paavinistuimen vuonna 905.

Tämä mies eli oman aikansa todistuksen mukaan laittomassa suhteessa Theodoraan, joka oli prostituoitu ja joka yhdessä prostituoitujen tyttäriensä Marozian ja Theodoran kanssa piti häntä tiukassa hallinnassaan. Theodoran rakkaudesta pääsi osalliseksi myös Johannes X; Theodora antoi hänelle ensin Ravennan arkkipiispan viran ja siirsi hänet sitten vuonna vuonna 915 Roomaan paavina. Johannes ei mitenkään poikennut aikansa hengestä. Hän järjesti salaliiton, joka kenties esti Rooman joutumasta saraseenien valtaan, ja maailma oli hämmästyksissään ja innoissaan nähdessään tämän sotaisan paavin joukkojensa kärjessä. Theodoran rakkauden avulla hänen sanottiin onnistuneen säilyttämään paavin virka hallussaan neljäntoista vuoden ajan.

Theodoran tyttären Marozian juonittelut ja viha syöksivät hänet sitten vallasta. Marozia yllätti hänet Lateraanipalatsissa, surmasi hänen veljensä Pietarin hänen kasvojensa edessä ja heitti hänet sitten vankilaan, jossa hän pian kuoli tyynyllä tukehdutettuna, kuten väitetään. Lyhyen ajan kuluttua Marozia teki vuonna 931 omasta pojastaan paavin nimeltä **Johannes XI**. Monet väittivät, että paavi Sergiu oli tämän

isä, mutta Marozia itse oli sitä mieltä, että isä oli
hänen aviomiehensä Alberic, jonka veljen Guidon
kanssa hän myöhemmin meni naimisiin. Toinen hänen
pojistaan, jolla oletetun isän mukaan oli nimi Alberic,
oli kateellinen veljelleen Johannekselle ja syöksi tämän
ja heidän yhteisen äitinsä Marozian vankilaan.

Jonkin ajan kuluttua Albericin poika valittiin paa-
viksi. Tämä tapahtui vuonna 956 ja hän otti nimekseen
Johannes XII. Näin oli intohimoinen Marozia nostanut
sekä poikansa että pojanpoikansa paavin asemaan.
Johannes oli vain yhdeksäntoistavuotias, kun hänet
täten julistettiin kristikunnan pääksi. Hänen hallitus-
kaudelleen olivat ominaisia niin järkyttävät siveettö-
myydet, että keisari Otto I:n oli saksalaisen papiston
vaatimuksesta puututtava asiaan. Synodi kutsuttiin
kokoon Pietarinkirkkoon paavin asiaa tutkimaan, ja
kävi ilmi, että Johannes oli ottanut vastaan lahjuksia
piispojen nimittämiseksi; että hän oli asettanut vir-
kaan yhden, joka oli vasta kymmenvuotias; että hän oli
suorittanut vihkiseremonian jollekulle toiselle tallissa;
että häntä syytettiin sukurutsauksesta yhden hänen
isänsä jalkavaimon kanssa ja niin monista aviori-
koksista, että Lateraanipalatsista oli tullut bordelli.
Edelleen hän oli puhkaissut yhden kirkonmiehen silmät
ja antanut kuohita toisen, ja molemmat olivat kuolleet
vammoihinsa. Hän oli myös taipuvainen juopotteluun,
uhkapeliin ja rukoilemaan Jupiteria ja Venusta. Kun
hänet haastettiin saapumaan kirkolliskokouksen eteen,
hän lähetti sanan, että 'hän oli mennyt metsästämään',
ja kirkollisille johtajille, jotka nuhtelivat häntä, hän
vastasi uhkaavasti, 'että Juudas, samoin kuin muutkin
opetuslapset, sai Mestariltansa vallan sitoa ja pääs-
tää mutta että heti kun hän oli osoittautunut yhteisen
asian kavaltajaksi, hänen ainoa jäljellä oleva valtansa
oli sitoa oma kaulansa'.

Tämän jälkeen hänet erotettiin virasta, ja **Leo VIII**
*valittiin hänen sijaansa. Se tapahtui vuonna 963, mutta
päästyään aikaa myöten taas valtaan hän otti kiinni
vastustajansa ja irrotti yhdeltä käden, toisilta nenän,
sormen, kielen jne. Lopulta hänen päivänsä päätti
muuan mies, joka näin kosti hänelle sen, että hän oli
vietellyt tämän vaimon.*

*Tällaisten tietojen jälkeen on miltei tarpeetonta
viitata seuraavien paavien ajalta tehtyihin aikakirja-
merkintöihin ja kertoa, että* **Johannes XIII** *kuristettiin
vankilassa; että* **Bonifatius VII** *vangitutti* **Benedictus
VII:n** *ja tappoi hänet nälkään näännyttämällä; että*
Johannes XIV *surmattiin salaa St. Angelon linnan
vankiholveissa; että rahvas veti Bonifatiuksen ruumista
pitkin katuja.*

*Kirkon ylimmän johdon arvostus, jopa kaikki
kunnioitus häntä kohtaan oli sammunut Roomassa.
Papistoon kuuluvat olivat kautta Euroopan niin järkyt-
tyneitä asiaintilasta, että alkoivat suuttumuksessaan
suhtautua suopeasti keisari Oton aikomukseen ottaa
italialaisilta pois etuoikeus nimittää Pietarin seuraaja
ja rajoittaa se omaan perheeseensä. Mutta hänen
sukulaisensa* **Gregorius V:n,** *jonka hän asetti paavil-
liselle valtaistuimelle, roomalaiset pakottivat piankin
pakenemaan. He alkoivat pilkata hänen pannajulis-
tustaan ja kirkon kiroustaan; he tunsivat liian hyvin
noiden kauhujen todellisen luonteen; hehän elivät
kulissien takana.*

*Hirveä rangaistus odotti vastapuolen asettamaa
paavia* **Johannes XVI:ta.** *Otto palasi Italiaan, otatti
hänet kiinni, puhkaisi hänen silmänsä, leikkautti irti
hänen nenänsä ja kielensä ja istutti hänet takaperin
aasin selkään ja lähetti hänet viinirakko päässä kiertä-
mään pitkin katuja. Näytti mahdottomalta, että asiat
voisivat tulla enää pahemmiksi, ja kuitenkin Rooman*

oli vielä nähtävä **Benediktus IX:n,** *alle kaksitoista vuotiaan pojan, nousevan apostoliselle valtaistuimelle vuonna 1033.*

Tästä paavista yksi hänen seuraajistaan, **Victor III,** *sanoi, että hänen elämänsä oli niin häpeällinen, niin saastainen, niin inhottava, että häntä puistatti sitä kuvatessaan. Hänen tapansa hallita sopi paremmin rosvopäällikölle kuin kirkonmiehelle. Lopulta ihmiset nousivat häntä vastaan, kun eivät enää voineet sietää hänen aviorikoksiaan, murhiaan ja iljettävyyksiään. Yrittäessään epätoivoisesti säilyttää asemansa hän pani paavin viran huutokauppaan. Sen osti pappi nimeltä Johannes, ja hänestä tuli vuonna 1045* **Gregorius VI.**"

Draper: History of the Intellectual Development of Europe, osa I, luku XII, s. 378

Draperin kuvaama n. 300 vuoden katkelma paaveista ja paavien vallankäytöstä riittää hyvin osoittamaan, että jos on kuviteltu paavilla olevan hallussaan taivasten valtakunnan avaimet, niin viimeistään tämän masentavan ajanjakson aikana ne on perusteellisesti kadotettu ja ajatuskin Kristuksen sijaisuudesta maan päällä on mahdoton.

Inkvisitio-oikeus

Paavi Gregorius IX aloitti inkvisition vuonna 1231 jaa. ja teki siitä paavillisen oikeuslaitoksen. Inkvisiittorit kuulustelivat järjestelmällisesti harhaoppisuudesta epäiltyjä ja saattoivat kiduttaa heitä. He järjestivät oikeudenkäynnit, tuomitsivat ja antoivat harhaoppiset sen jälkeen maallisen vallan poltettavaksi. Syytetyt eivät saaneet minkäänlaista oikeusapua ja todistajat pidettiin tuntemattomina. Surmatuille ei sallittu kirkollista hautausta ja heidän jälkeläisensä joutuivat hyljätyiksi yhteiskunnassa.

Dominikaanit saivat inkvisition hoitaakseen koska he olivat hyvin koulutettuja ja taitavia tekemään kysymyksiä. Sääntökunnan tarkoituksena oli taistella erityisesti Etelä-Ranskan harhaoppisia albigensseja vastaan. Kansan parissa heitä nimitettiin 'Herran koiriksi' (domini canes).

Espanjan inkvisitio oli katolinen tutkinta- ja tuomiolaitos, jonka perustivat Espanjan kuningatar Isabella Katolilainen ja Ferdinand II Kastiliassa. Tämän salaisen oikeusistuimen tehtävänä oli harhaoppisuuden paljastaminen ja rankaiseminen. Myers kertoo tästä laitoksesta:

"Inkvisitiosta, kuten tuomioistuinta nimitettiin, tuli siten mitä uskomattomimman julmuuden toimeenpanija. Tuhansia ihmisiä poltettiin roviolla, ja kymmeniä tuhansia muita tuomittiin kärsimään lähes yhtä hirveitä rangaistuksia. Kuningatar Isabella toimi epäilemättä mitä aidoimman uskonnollisen innostuksen vallassa antaessaan suostumuksen tuomioistuimen perustamiseen valtakunnassaan, ja hän uskoi vilpittömästi täyttävänsä vain velvollisuutensa ja tekevänsä Jumalalle otollisen palveluksen hävittäessään kerettiläisyyden. 'Rakkaudesta Kristukseen ja Hänen neitsyt-äitiinsä', hän sanoi, 'olen aiheuttanut suurta kurjuutta. Olen autioittanut kaupunkeja ja kyliä, maakuntia ja valtakuntia.'" Myers: General History, s.500.

"Tässä kohden, inkvisition vainojen yhteydessä, me emme saa unohtaa, että kuudennellatoista vuosisadalla kieltäytyminen mukautumasta hyväksyttyyn jumalanpalvelusmuotoon oli sekä katolisten että protestanttien mielestä eräänlainen maanpetos, ja sellaisena sitä myös käsiteltiin. Niinpä havaitsemme, että Calvin hyväksyi Serve'n polttamisen 1553, koska tämä oli julkaissut mielipiteitä, joita calvinistit pitivät harhaoppina, ja Englannissa anglikaaniset protestantit

harjoittivat mitä julminta, katkerinta ja sitkeintä vai-
noa, ei ainoastaan katolisia vaan myös kaikkia niitä
protestantteja vastaan, jotka eivät suostuneet noudat-
tamaan vallitsevia kirkon oppeja." Myers: General History, s.527.

Vaikka pakanat vainosivat alkukirkkoa hirveällä
tavalla, on luopiokirkon harjoittama vaino ollut vielä
kauheampaa. Voiko tällainen kirkko mitenkään olla
Kristuksen kirkko?

Muutoksen aika

Rooman kirkon historiassa viidennentoista vuosisadan lopulle saakka selviää, että kirkosta puuttui sen luopumisen ja rappiotilan seurauksena myös hengellinen pyhyys ja voima. Pimeä keskiaika n. 800 – 1400 tunnetaan aikana, jolle oli ominaista hyödyllisten tieteiden, taiteiden ja kirjallisuuden kehityksen pysähtyminen ja jolloin kansan keskuudessa vallitsi lukutaidottomuus ja tietämättömyys. Tiedon puute ruokki kirkon opillisia vääristymiä. Muutos, joka historiassa tunnetaan renessanssina käynnisti taistelun kirkon tyranniaa vastaan.

Merkittävin kirkon itsevaltiutta ja harhaoppeja vastaan suunnattu kapinaliike sai alkunsa älyllisen aktiivisuuden heräämisen myötä neljännentoista vuosisadan lopulla.

Albigenssit

Ensimmäinen paavillisen kirkon käynnistämä "uskonpuhdistus" oli albigenssisota Etelä-Ranskassa. Katolinen kirkko koki kataarilaisuuden uhkaksi omalle toiminnalleen ja piti kataareja kerettiläisinä. Paavi Innocentius III käynnisti verisen ristiretken kataareja eli albigensseja vastaan.

Johan Wyckliff

Seuraavan yrityksen vastustaa paavin valtaa teki Oxfor-
din yliopiston professori Johan Wyckliff neljännellä-
toista vuosisadalla. Wyckliff kyseenalaisti paavin vallan
kirkossa ja vastusti pyhimysten palvontaa sekä pappien
selibaattia. Hän vastusti paavin asettamia rajoituksia,
jotka koskivat kansan oikeutta tutkia pyhiä kirjoituksia.
Wycliff käänsi raamatun Versio vulgatasta Englannin
kielelle. Hänet julistettiin harhaoppiseksi Konstanzin
kirkolliskokouksessa vuonna 1415. Lisäksi hänen luunsa
kaivettiin esiin haudasta ja poltettiin roviolla.

Jan Hus ja Hieronymus Prahalainen

Kirkko oli täysin luopuneessa tilassa. Oli kuitenkin ole-
massa rohkeita miehiä, jotka olivat valmiita uhraamaan
henkensä totuutena pitämänsä asian puolesta. Jan Hus
seurasi Johan Wyckliffin ajatuksia ja hänen tavoittee-
naan oli kirkko, joka opettaisi Raamatun mukaisesti.
Hän arvosteli myös anekauppaa, josta syystä kirkko
julisti hänet pannaan vuonna 1411. Hieronymus Praha-
lainen oli Jan Husin työtoveri. Heidät poltettiin roviolla
Konstanzin kirkolliskokouksessa vuonna 1415.

Erasmus Rotterdamilainen

Erasmus oli hollantilainen renessanssifilosofi, teologi
ja kirjailija. Hän tunsi kutsumusta kirkon opin uudis-
tamiseen. Tärkeimmäksi periaatteeksi olisi nostettava
lähimmäisen rakkaus, joka Erasmuksen mielestä oli
Raamatun pysyvin opetus. Hän julkaisi Uuden testa-
mentin latinankielisen käännöksen ja lisäksi kriittisen
kreikankielisen version vuonna 1516. Erasmus suhtau-
tui myönteisesti Lutherin kirkkokritiikin pääkohtiin

mutta kieltäytyi tukemasta Lutheria. Erasmus antautui Lutherin kanssa opilliseen väittelyyn vaikka se oli vierasta hänen luonteelleen. Kysymys oli vapaasta tahdosta. Teoksessaan De libero arbitrio diatribe sive collation (1524) hän pilkkasi luterilaista näkemystä.

Martti Luther

Seuraava huomattava paavin kirkkoa vastaan asettunut henkilö oli Wittenbergin yliopiston teologian professori, augustinolaismunkki, tohtori Martti Luther, joka vastusti julkisesti dominikaani Johann Tetzeliä, paavin anekaupan häpeämätöntä asiamiestä. Lutherin käsitys oli, että kirkon katumusharjoitus- ja anejärjestelmä oli vastoin järkeä, oikeutta ja Raamattua. Hän naulasi Wittenbergin linnankirkon oveen 95 teesiä vuonna 1517. Näin hän haastoi muut oppineet esittämään kritiikkiään. Uutinen levisi ja teeseistä keskusteltiin kaikkialla Eurooppalaisissa oppikeskuksissa.

Kesäkuussa 1519 järjestettiin Leipzigin kaupungissa kolmiviikkoinen väittely koskien kirkon opetuksia. Ensimmäinen väittely käytiin teologian tohtori Andreas Karlstadtin ja katolisen kirkon puolustajan Johann Eckin välillä. Aiheena oli vapaa tahto. Heinäkuun 4. päivänä väiteltiin paaviudesta Eckin ja Lutherin kesken. Eck syytti Lutheria Wycliffin ja Husin ajatusten omaksumisesta. Luther vastasi:

"Mitä tulee Husin lausumaan, että 'ei ole autuuden ehto uskoa, että Rooman kirkko on kaikkien muiden yläpuolella', niin en välitä sitä, onko se peräisin Wycliffiltä vai Husilta."

Luther oli perusteellinen mies. Hän hyökkäsi myös muita Rooman kirkon omaksumia tapoja ja oppeja vastaa. Paavi Leo X vastasi julkaisemalla bullan Lutheria vastaan. Bullassa paavi uhkasi julistaa Lutherin pannaan (erottaminen tai syrjään asettaminen) jos tämä ei kuudessakymmenessä päivässä peruuttaisi julkisia väitteitään. Luther kiivastui bullasta ja järjesti Wittenbergissä tilaisuuden, jossa hän poltti paavin bullakirjeen ja lisäksi myös kanonisen oikeuden teoksia. Tapaus oli sen vuoksikin huomattava koska kanoninen laki oli merkittävä paitsi kirkko-oikeuden myös maallisen oikeuden kannalta.

Paavi julisti Lutherin pannaan. Luther oli toivonut keskustelua uudistusmielisten ja paavin kesken kirkon epäkohtien korjaamiseksi mutta paavi kieltäytyi kuuntelemasta ja vaati Lutherille myös valtakunnan kirousta.

Vaaliruhtinas Frederik Viisas halusi järjestää Lutherille kuulustelun Wormsin valtiopäivillä vuonna 1521. Luther puolusti kirjoituksiaan ja kieltäytyi peruuttamasta niitä. Hänen sanansa olivat innoittavia:

"Ellei minua saada vakuutetuksi Pyhän Raamatun todisteiden ja selvien järkisyiden avulla - paaviin ja kirkolliskokouksiin yksinään en luota, koska he ovat usein erehtyneet ja puhuneet toisiaan vastaan - niin esittämäni raamatunkohdat vakuuttavat minut. Olen sidottu Jumalan sanaan. Sen tähden en tahdo peruuttaa mitään, sillä kristityn ei ole hyvä puhua omaatuntoaan vastaan. Tässä seison enkä muuta voi, Jumala minua auttakoon! Aamen."

Tämän seurauksena paavin liittolainen saksalais-roomalaisen keisarikunnan hallitsija keisari Kaarle V vaati Lutherin tuomitsemista harhaoppisena. Keisari allekirjoitti Wormsin ediktin, jossa Luther julistettiin valtakunnan kiroukseen. Siinä sanottiin:

"Me... kiellämme kaikkia teitä... ja haluamme, ettei kukaan teistä majoita, ota asumaan, syötä, juota tai

*pelasta Martti Lutheria, eikä sanoin tai teoin, salaa tai
julkisesti anna hänelle minkäänlaista apua, tukea, tur-
vaa tai avustusta, vaan minne tahansa näette hänen
ilmaantuvan tai saapuvan ja voitte saada hänet kiinni,
ottakaa hänet vangiksi ja lähettäkää hyvin vartioituna
luoksemme... Mutta hänen omaisiaan, sukulaisiaan,
suojelijoitaan ja kannattajiaan sekä heidän irtainta
ja kiinteää omaisuuttaan tulee teidän kohdella seu-
raavalla tavalla: teidän on taltutettava heidät sekä
otettava haltuunne heidän tavaransa ja käytettävä
ne omiin tarkoituksiinne ja pidettävä kenenkään
estämättä, paitsi jos he osoittavat uskottavasti, että
he ovat hylänneet väärän tien ja saaneet paavillisen
anteeksiannon... kiellämme kaikkia teitä... ostamasta,
myymästä, lukemasta, säilyttämästä, kopioimasta tai
painamasta yllä mainitun Martti Lutherin kirjoituksia,
jotka pyhä isämme on kironnut... Lisäksi teidän tulee
polttaa tulessa tai jollain tavoin hävittää ja tuhota...
kaikki yllä määrätyt myrkytetyt Lutherin kirjoitukset
ja kirjat."* Kristinuskon historia 2000: Uskonpuhdistuksesta nykyaikaan s. 27

Vaaliruhtinas Frederik Viisas järjesti Lutherille tur-
vapaikan Wartburgin linnaan, jossa hän kirjoitti Uuden
testamentin saksankielisen käännöksen.

Uskonpuhdistus

Vaikka Martti Luther joutui piilottelemaan hänen kannattajansa eivät jääneet toimettomiksi. Eräs heistä oli Andreas Karlstadt, joka myös yritti uudistaa kirkkoa. Lutherin kannattajien uudistusohjelma oli katolisen kirkon kannalta hyvin radikaali: maallikoiden ehtoollinen haluttiin sallia jumalanpalvelusten yhteydessä, nunnille ja munkeille haluttiin taata oikeus poistua luostareistaan ja haluttiin poistaa pappien selibaatti.

Luther palasi Wittenbergiin piilopaikastaan 1.3.1522 ja saarnasi kaupungin väelle:

"usko otetaan vastaan vapaaehtoisesti ja itsestään ilman pakotteita".

Protestantit

Uskonnollinen kiistely levisi ympäri Eurooppaa. Hessenin maakreivi Filip kutsui Marburgiin vuonna 1529 uskonpuhdistukseen liittyvän keskustelutilaisuuden. Tarkoituksena oli saada aikaan yksimielisyys Martti Lutherin ja Ulrich Zwinglin johtamien teologien välille. Luther ja Zwingli onnistuivat sopimaan neljätoista kiistakysymystä viidestätoista.

Ehtoollisen merkityksestä ei päästy yksimielisyyteen. Lutherin mukaan ehtoollisessa juodaan oikeasti

Jeesuksen verta ja syödään hänen ruumistaan kun taas Zwingli näki, että verta juodaan vain symbolisesti, eikä fyysisesti. Näin Zwinglin reformisteista tuli eri uskontokunta kuin Luterilaisista. Speyerin valtiopäivillä 1529 Saksan ruhtinaat esittivät katolista kirkkoa vastaan protestin. Tästä johtuen uskonpuhdistajia alettiin kutsua protestanteiksi. Saksin vaaliruhtinas Juhana tuki Lutheria ja osoitti suurta rohkeutta ottamalla uskonpuhdistuksen vastaan.

Saadakseen uskonnollisiin kiistoihin selvyyttä Keisari Kaarle V päätti kutsua koolle valtiopäivät. Saksin vaaliruhtinas sai tehtäväkseen kutsua ne koolle Augsburgiin 1530. Philipp Melanchthon, Lutherin työtoveri ja ystävä, laati Augsburgin tunnustuksen tekstin. Hän hyväksytti sen Lutherilla, joka ei voinut itse saapua paikalle koska oli valtakunnan kirouksen alainen.

Augsburgin tunnustus on edelleen luterilaisen uskon tärkeä peruskirja.

Uskonnollinen vallankumous laajeni. Protestantit jakaantuivat ja muodostivat useita kilpailevia lahkoja. Ulrich Zwingli oli Sveitsin uskonpuhdistuksen alullepanija ja johtaja. Zvingli oli tutustunut Lutherin ajatuksiin ja esti paavin aneiden kerääjien pääsyn Zürichiin. Hän hylkäsi pyhimykset ja väitti, etteivät kastamattomat lapset joudu helvetin tuleen. Hänen mukaansa paastoa ei tarvinnut noudattaa koska Raamatussa ei ollut siitä sääntöä, eikä se siksi ollut synti. Zwingli avioitui Anna Reinhartin kanssa ja rikkoi näin selibaatin. Väittely Johann Eckin ja Zwinglin välillä Raamatun arvovallasta ehtoolliskysymyksessä johti siihen, että Zwingli julistettiin pannaan vuonna 1527.

Jean Calvin jatkoi Zwinglin reformoidun kirkon opillista perinnettä. Hän perusti kalvinismin, yhden protestanttisen kristinuskon suuntauksista. Samoin

kuin Luther, hän kannatti oppia ennaltamääräämisestä
ja kielsi ihmisen vapaan tahdon.

Englannin kirkko

Uskonpuhdistusliike vaikutti myös Britanniassa
samoin kuin muualla Länsi-Euroopassa. Englannin
kuningas Henrin VIII kuitenkin puolusti avoimesti
katolista kirkkoa ja julkaisi kirjan Lutherin väitteitä
vastaan. Paavi Leo X piti tästä niin paljon, että myönsi
kuningas Henrikille arvonimen: *"uskon puolustaja"*.
Tästä lähtien 1522 Englannin hallitsijat ovat ylpeinä
käyttäneet tätä arvonimeä.

Muutaman vuoden jälkeen kuningas Henrikistä tuli
Rooman kirkon vihollinen. Muutos tapahtui kun Hen-
rik halusi avioeron vaimostaan kuningatar Katariinasta
mennäkseen naimisiin Anna Boleynin kanssa. Paavi
epäröi myöntää eroa ja kärsimätön Henrik solmi salaa
avioliiton, välittämättä paavin mielipiteestä. Tämän
seurauksena paavi erotti kuninkaan kirkosta.

Englannin parlamentti hyväksyi 1534 kuuluisan lain
(Act of Supremacy), jonka mukaan kirkon ylin valta
on kuninkaalla. Tämä oli Englannin kirkon alku, jonka
perustajat eivät väittäneet saaneensa valtuutta Juma-
lalta ja jossa ei ollut edes muodollista papillista perin-
töä.

Syntyi vapaakirkollisia lahkoja mm. Puritaanit, joita
vainottiin niin, että monet lähtivät maanpakolaisina
Hollantiin, josta purjealus Mayflower kuljetti heidät
vasta löydetyn Amerikan mantereelle vuonna 1620.

Jumalallinen valtuus

Suuren luopumuksen ja sen seurausvaikutusten taustalla on nähtävissä hyvään ohjaava voima. Jumala on suonut ihmisille täyden tahdonvapauden, mitä käyttäessään toiset saavuttivat marttyyrin kruunun ja toisten jumalattomuuden malja oli ylitsevuotavainen. Kuudenneltatoista vuosisadalta nykyaikaan asti on syntynyt satoja uusia kristillisiä lahkoja ja ne lisääntyvät jatkuvasti. Joka taholla sanotaan: *"Katso, täällä on Kristus".* Toiset kirkot ovat saaneet nimensä syntymäpaikkansa mukaan, kuten Englannin kirkko. Muutamat kunnioittavat nimessään perustajaansa, kuten luterilaiset tai kalvinistit. Jotkut tuovat nimessään esiin uskonsa erityispiirteet, kuten metodistit, presbyteerit tai baptistit. Ainoa kirkko, joka rohkeni väittää, että siinä on valtuuden seuraanto, oli Katolinen kirkko. Se oli kuitenkin vailla jumalallista valtuutta eli pappeutta, kuten historia on osoittanut.

Jos kirkko on vailla jumalallista valtuutta, miten voivat siitä irtautuneet ryhmät periä oikeuden toimittaa Jumalan hyväksymiä toimituksia?

Kuka kykenee sellaiseen mahdottomuuteen, että voisi itse panna alulle sellaisen pappeuden, jota Jumala kunnioittaa ja pitää arvossa? Ihmiset voivat perustaa keskenään yhdistyksiä, järjestöjä, lahkoja ja kirkkoja, säätää ja luoda organisaatioita mutta mistä tällaiset ihmisten aikaansaannokset saavat pyhän pappeuden valtuuden, jota ilman Kristuksen kirkko ei voi olla olemassa? Jos voima ja valtuus on peräisin ihmisistä, niin maan päällä ei ole Kristuksen kirkkoa, eivätkä evankeliumin pelastavat toimitukset ole muuta kuin tyhjiä sanoja ja muotoja.

Kenen maa, sen uskonto

Katoliset ja luterilaiset ruhtinaat solmivat vuonna 1555 Augsburgin uskonrauhan. Molempien edustajille taattiin oikeus ja vapaus omaan uskontoonsa. Tämä johti Saksan ruhtinaskuntien jakaantumiseen. Uskonrauhan pääperiaate oli, että maan hallitsijan uskonto määritti alamaisten uskonnon. Euroopassa syntyi voimakas muuttoliike, jossa luterilaisuuden kannattajat siirtyivät pohjoiseen ja katoliset etelään.

Katolisten ja protestanttien välit alkoivat kiristyä 1600-luvulle tultaessa. Eurooppa jakaantui kahteen sotilaspoliittiseen liittoon ja tämä tilanne johti 30-vuotisen sodan syttymiseen vuonna 1618. Uskonto ja valtapolitiikka olivat vahvasti kytköksissä keskenään.

Noitavainot

Euroopan historiaan kuuluu myös teoria lentävistä noidista, jotka olivat enimmäkseen naisia. Noitavainot kestivät n. 300 vuotta (1450-1750), niissä tuomittiin kuolemaan ja poltettiin roviolla kymmeniä tuhansia ihmisiä. Aiheeksi riitti syytteet, joiden mukaan he olivat olleet salaisessa yhteistyössä paholaisen kanssa.

Huomattavaa on, että noitavainot syntyivät uuden ajan alussa, humanismin ja renessanssin kulta-aikana. Kiihkeimmät noitavainot osuvat Galileo Galilein aikaan (1564-1642). Vaikka noitavainoja toteutettiin Euroopassa reformaation jälkeen on tällä toimintamallilla selvä yhteys paavin kirkon inkvisitioon.

Kun kirkko ja valtio pyrkivät valvomaan ihmisten uskoa ja tapoja, noituus- ja taikuusoikeudenkäynnit saivat tästä käyttövoimaa. Ihmiset saattoivat riitakumppania vahingoittaakseen käyttää tilannetta hyväkseen ja levittää huhua noituudesta.

Pietismi, reformaation reformaatio

Luterilainen oppi sai vakiintuneen muotonsa luterilaisten tunnuskirjojen kokoelman (sovinnonkirja) ilmestymisen jälkeen vuonna 1580. Tästä lähtien voidaan katsoa luterilaisen puhdasoppisuuden olleen olemassa. Auktoriteettiusko ja moraalin korostus kuuluivat ajan henkeen ja kirkkokuria pidettiin yllä varoituksen, sakon, julkisen ripin tai jalkapuurangaistuksen avulla. Jalkapuurangaistuksesta luovuttiin Suomessa vuonna 1848.

Oltiin päästy reformaatiossa vapaaksi paavin komennosta mutta itse sovellettiin samanlaista pakkoon perustuvaa hallintatapaa. Auktoriteettien pelkoon perustuvaa puhdasoppisuutta alettiin vastustaa 1600-luvun lopulla.

Syntyi pietismi. Käsite tulee latinan sanasta 'pietas', hurskaus. Pietismissä saarnattiin parannuksen tekemisen ja entisen syntisyyden hylkäämisen puolesta. Tunnetuin Pietismin edustaja oli pappi Philipp Jaakob Spener (1635-1705), joka koki olevansa uskonpuhdistuksen puhdistaja. Hän kehotti lukemaan Raamattua, välttämään uskonkiistoja ja panemaan enemmän painoa kristilliseen elämään kuin oppiin. Papisto opetti, että Pyhä Henki toimii vain armovälineiden, sanan ja sakramenttien välityksellä, niin pietistit taas sanoivat Hengen voivan vaikuttaa ilmankin näitä välikappaleita. Pietistien mukaan luterilainen kirkko oli tullut kyvyttömäksi ohjaamaan sieluja pelastukseen.

Spenerin vaikutuksesta ryhtyi käytännön työhön Hallen yliopiston professori August Herman Francke (1663-1727), joka perusti Hallen laitokset. Niihin kuului kouluja, sairaaloita, orpokoteja ym. Niissä toteutettiin kristillistä lähimmäisenrakkautta käytännössä.

Spenerin käynnistämä pietismi innoitti myös kreivi Nikolaus Ludwig von Zinzendorfia (1700-1760). Hän perusti Herrnhuttilaisuuden maatilallaan Böömissä 1722. Herrnhut tarkoittaa "Herran katseen alla". Zinzendorf otti vastaan vainottuja kristittyjä eri liikkeistä kuten böömiveljiä, hussilaisia, metodisteja ja schwenckfeldiläisiä. Zinzendorfin mukaan kristillisyyden ei tarvinnut olla synkkää ja ahdistavaa. Hän halusi tuoda esiin iloista kristillisyyttä.

Kirkollinen pietismi ei kuitenkaan riittänyt kaikille, syntyi radikaalipietismi, jonka merkittävin johtaja oli kirkkohistorioitsija Gottfried Arnold (1666-1714). Hän halusi asettaa varhaiskristillisyyden koko kirkon esikuvaksi ja hylkäsi luterilaisen puhdasoppisuuden. Arnoldin mukaan melkein aina kerettiläiset ja vainotut ovat olleet oikeassa ja virallinen kirkko väärässä.

Ruotsi-Suomen reformaatio

Suomen hiippakunta kuului Uppsalan kirkkoprovinssiin ja Roomalaiskatoliseen kirkkoon. Paavi nimitti piispat, jotka samalla kuuluivat Ruotsin valtaeliittiin.

Reformaatio saapui Ruotsi-Suomeen 1500-luvun alkupuolella. Mikael Agricola oli merkittävin henkilö Suomen luterilaistamisessa. Hän opiskeli Wittenbergissä 1532 Lutherin ja Melanchthonin johdolla. Agricola käänsi Uuden testamentin Suomen kielelle ja se julkaistiin vuonna 1548. Kirjasta otettiin 500 kappaleen painos ja se riitti kirkon tarpeisiin lähes sadan vuoden ajaksi.

Ruotsi-Suomen kirkko irtautui Rooman paavin hallinnosta käytännössä Västeråsin valtiopäivillä vuonna 1527, jossa kuningas Kustaa Vaasa muutti maan uskonnon katolilaisuudesta luterilaisuudeksi. Samalla määrättiin kirkon omaisuus luovutettavaksi kuninkaalle. Uusien piispojen oli tästä lähtien saatava kuninkaan hyväksyntä.

Vuonna 1593 tehdyllä Upsalan kokouksen päätöksellä hyväksytään Raamattu kristillisen opin ainoaksi ohjenuoraksi, pitäydytään kolmeen vanhakirkolliseen uskontunnustuksen sekä Augsburgin uskontunnustukseen ja kielletään näistä poikkeava opetus. Vaikka kyse ei ollut valtiopäivistä tai kirkolliskokouksesta, päätös vakiinnutti luterilaisen tunnustuksen aseman. Ruotsi-Suomen luterilaisen kirkon perustajana voidaan pitää Kaarle-herttuaa ja 27 muuta Upsalan sopimuksen allekirjoittajaa.

Valtiokirkko

Valtakunnan yleiseen lainsäädäntöön kuuluva karoliininen kirkkolaki (1686) sääti että kirkko oli osa valtionhallintoa. Vallitsi puhdas valtiokirkkojärjestelmä. Kaikkien kansalaisten oli kuuluttava evankelis-luterilaiseen kirkkoon. Kirkossa käynti oli pakollista sakon uhalla. Vaikka varsinainen valtiokirkkojärjestys purettiin vuonna 1870 voidaan luterilaista kirkkoa ja ortodoksista kirkkoa pitää silti valtiollisina kirkkoina niiden kiinteän valtiosuhteen vuoksi.

Kansankirkko

Nykyisin luterilainen kirkko kutsuu itseään kansan-
kirkoksi ja katsoo tehtäväkseen kutsua ihmisiä
armollisen Jumalan yhteyteen, tuoda elämään kestävä
perusta ja rohkaista välittämään lähimmäisistä ja luo-
makunnasta.

Seurakuntien tehtävänä on ensisijaisesti seurakun-
nan kirkollisista asioista huolehtiminen. Yhteiskun-
nallisista tehtävistä seurakunnilla on hautaustoimi ja
väestökirjanpito. Hautaustoimi on eduskunnan säätä-
män yleisen hautaustoimilain nojalla koko maan osalta
seurakuntien velvollisuus.

Kirkko tuottaa seremoniapalveluja ihmisen elämän
tärkeisiin käänteisiin: avioliittoon vihkiminen, lapsen
kastaminen ja nimen antaminen (samalla liittäminen
kirkon jäseneksi) sekä hautaan siunaaminen kuoleman
kohdatessa. Kirkko on vahvasti suomalaista kulttuuria.

Kansankirkossa on jäseniä n. 4 milj. Kirkon jäsen-
määrä vähenee kiihtyvällä vauhdilla. Vuonna 2004
jäseniä oli 83,6% kansasta ja vuonna 2011 jäseniä oli
77,3%. Vuoden 2020 alussa 68,6 %. Tämä näyttäisi
olevan trendi.

Kirkon teettämän tutkimuksen mukaan kirkosta
eroavat eniten 20-39 -vuotiaat. Nuoret aikuiset eivät
torju kirkkoa ja kristinuskoa ehdottomasti. He odotta-
vat älyllistä ja hengellistä merkitystä ja syvyyttä kirkon
opetukseen ja sanomaan.

Uskonnollinen elämä kansankirkossa on ollut muutoksessa jo hyvin pitkään. Siitä kertoo kirkon sisällä toimivat lukuisat muutosliikkeet. Herätysliikkeiden ja yhdistysten opillinen sanoma ja toiminta poikkeaa kirkon opetuksesta. Ne ovat protesti- ja uudistusliikkeitä, kirkkoja kirkon sisällä. Herätysliikkeiden taustalla on 1600-luvulla syntynyt pietismi.

Naisten hyväksyminen papin virkaa 1984 on saanut aikaan jakaantumista kirkon piirissä.

Suomen evankelis-luterilaisen kirkon sisällä toimii runsaasti erilaisia herätys- ja muutosliikkeitä. Kirkon opit ja kristilliset selitysmallit eivät kelpaa kaikille, vaan koko kirkon historiaa leimaa ihmisten tarve etsiä totuutta muualta.

Rukoilevaisuus (1756)

Rukoilevaisuuden katsotaan alkaneen vuonna 1756 kalantilaisen nuoren paimentytön, Liisa Eerikintyttären hengellisen järkytyksen seurauksena. Hän oli lukenut Arthur Dentin kirjaa *"Totisen kääntymisen harjoitus"*. Hän koki oman syntisyytensä ja iankaikkisen kadotuksen hirmuisuuden. Hän löysi lohdutuksen evankeliumin ihanasta lupauksesta, että Jumala on kaikille katuville armollinen. Kalannissa syntyi hengellinen herätys, jonka johtoon kohosi Nousiaisten kirkkoherra Abraham Achrenius.

Rukoilevaisuus järjestäytyi yhdistykseksi 1941. Liike jakaantui kahtia 1984 ja syntyi Suomen rukoilevaisen kansan yhdistys ja Länsi-Suomen Rukoilevaisten Yhdistys. Syynä olivat opilliset erimielisyydet.

Vaikutusalue: Satakunta ja Varsinais-Suomen pohjoisosa.

Länsi-Suomen Rukoilevaisten Yhdistys (1984)

Haluttiin säilyttää rukoilevaisuudelle ominaiset polvi-rukoukset, vanhojen veisuu- ja saarnakirjojen käyttö sekä raamatulliseksi katsotut virkakäsitykset eli vastustaa naispappeutta.

Suomen rukoilevaisen kansan yhdistys (1984)

Haluttiin uudistaa liikettä esim. hyväksymällä naispap-peus ja tinkiä vanhoista perinteistä.

Herännäisyys, körttiläisyys (1796)

1700-1800 -lukujen taitteessa oli hengellistä herä-tystä Pohjois-Savossa useilla seuduilla. Telpäs-niityn ihmeeksi kutsuttu tapahtuma 1796 johti herännäisyy-den syntyyn. Telpäs-niityllä silloisen Iisalmen pitäjän Savojärven kylässä tuli voimakas tuulenpuuska, joka kaatoi niityllä työskennelleet ihmiset maahan. Ihmiset kokivat tämän Pyhän Hengen ilmestymisenä. Ilmeni myös kielilläpuhumista ja näkyjen näkemistä. Aluksi liikkeen johtajana toimi Juhana Lustig. 1820-luvulla Paavo Ruotsalainen nousi herännäisyyden johtohah-moksi. Hän kiersi ahkerasti ympäri Suomea. On arvi-oitu, että hän kulki matkoillaan n. 40 000 kilometriä, siitä suuren osan jalan. Liikkeen leviäminen huolestutti kirkonmiehiä ja viranomaisia.

Vaikutusalue: Pohjanmaa, Pohjois-Savo ja Pohjois-Karjala.

Herättäjä-Yhdistys (1924)

1900-luvun alun herännäisyyden johtohahmo rovasti Wilhelm Malmivaara perusti 1924 sisälähetysseura

Herättäjän ja Kustannusosakeyhtiö herättäjän, jotka
yhdistyivät Herättäjä-Yhdistykseksi 1950. Herännäisyy-
den suurin vuosittainen tapahtuma on Herättäjäjuhlat,
joihin osallistuu 20 000-30 000 henkeä.

Evankelisuus (1840)

Evankelinen herätysliike syntyi 1840-luvulla pastori
Fredrik Gabriel Hedbergin löydettyä Raamatusta
saman löydön kuin minkä myös Martti Luther löysi eli,
että Kristus on valmiiksi sovittanut maailman synnit
ja siksi jokainen on jo saanut syntinsä anteeksi ilman
mitään ehtoja.

Vaikutusalue: Etelä- ja Keski-Pohjanmaa sekä Varsinais-Suomi.

Suomen Luterilainen
Evankeliumiyhdistys SLEY (1873)

Suomen Luterilainen Evankeliumiyhdistys (SLEY)
perustettiin vuonna 1873 erityisesti kustantamaan ja
levittämään luterilaista kirjallisuutta. Paikallisosastoja
n. 200. Evankelisen kansan päätapahtuma on valtakun-
nalliset Evankeliumijuhlat, joihin osallistuu n.10 000
kävijää.

Lestadiolainen herätysliike (1840)

Liike syntyi ruotsalaisen papin Lars Leevi Laestadiuk-
sen saarnaustoiminnan vaikutuksesta hänen ollessaan
Pajalan kirkkoherrana 1840-luvulla. Vähitellen liike
laajeni myös Suomen puolelle. Laestadiuksen jälkeen
liikkeen johtoon nousi Juhani Raattamaa (1811-1899).
Raattamaan kuoleman jälkeen liike hajosi opillisten
ristiriitojen seurauksena erilaisiin suuntauksiin: Van-

hoillislestadiolaisuus, Liljebladilaisuus, Huttulalaisuus, Esikoislestadiolaisuus, Leeviläisyys, Steeniläisyys, Uusherätys, Heiskaslaisuus, Kontiolaisuus, Peuralaisuus, Samperilaisuus, Narvalaisuus, Lindströmiläinen Narvalaisuus, Väyrysläisyys, Alatalolaisuus, Gröndahlilaisuus, Kososlaisuus, Korpelalaisuus, Rauhansanalaisuus, Ansamaalaisuus, Kauppislaisuus, Jantuslaisuus, Pirttikyläläisyys, Hietavalaisuus, Rimpiläläisyys, Elämänsanalaisuus, Näppäläisyys, Paasoslaisuus, Poukkulaisuus, Sillanpääläisyys (nykyisin Rauhanyhdistys), Niemeläläisyys ym.

Lestadiolaisuudelle näyttää olevan ominaista, että kun joku voimakastahtoinen saarnaaja, usein kirkkoherra, tulkitsee Raamattua omalla tavallaan ja saa mukaansa seuraajia, syntyy uusi eriseura, jonka mielestä muiden Raamatun tulkinnat ovat vähemmän oikeita

Vaikutusalue: Pohjois-Suomi ja Pohjois-Pohjanmaa

Uusherätys (1897)

Uusherätys sai alkunsa 1800-luvun lopulla Kittilässä, ryhmän oppi-isänä mainitaan kirkkoherra K.A.Heikel.

Esikoislestadiolaiset (1903)

Juhani Raattamaan kuoltua Esikoiset katsoivat edustavansa alkuperäistä "esikoisten seurakuntaa", jota kaikkien kristittyjen piti kuulla. Esikoislestadiolaisuuteen jäi hajaannuksissa vain muutama prosentti Suomen lestadiolaisista, mutta se on ajan kuluessa kasvanut toiseksi suurimmaksi lestadiolaisuuden suunnaksi.

Suomen Rauhanyhdistysten Keskusyhdistys SRK (1906)

SRK muodostuu n. 200:ta Rauhanyhdistyksestä, jotka ovat vanhoillislestadiolaisen herätysliikkeen paikallisorganisaatioita.

Lähetysyhdistys Rauhan Sana LYRS (1934)

Tunnetaan myös nimityksillä Pikkuesikoisuus tai Rauhansanalaisuus. Suomessa ryhmä erkani Pauli Rantalan johdolla Vanhoillislestadiolaisuudesta 1934.

Viidesläisyys

Viides herätysliike tunnetaan myös uuspietisminä. Yhteisnimitys ennen toista maailmansotaa ja sen jälkeen Suomessa syntyneille herätysliikkeille. Herätys liike on opillisesti moninainen, eikä sillä ole yhteistä keskusjohtoa.

Suomen Raamattuopiston Säätiö SROS (1940)

Suomen Raamattuopiston Säätiö perustettiin hoitamaan sitä uuspietillistä hengellistä herätystä, jonka rovasti Urho Muroma oli kokenut norjalaisen Albert Lunden evankelioimiskokouksessa 18.10.1912. Muroma aloitti koko 1920-30 -luvun kestäneen laajan evankelioimistoiminnan, joka käsitti useita laajoja kokoussarjoja.

Suomen Raamattuopisto SRO (1945)

Raamattuopiston perustaja ja pitkäaikainen johtaja oli rovasti Urho Muroma. Suomen Raamattuopisto perustettiin 1945 levittämään herätystä koko maahan. Raamattuopiston järjestämässä "Kesäsanomassa" kokoontuun. 2000 henkeä.

Suomen Raamattuopiston ystävät SROY (1946)

Suomen Raamattuopiston tueksi perustettiin 1946 Raamattuopiston ystävät ry. Yhdistykseen kuuluu n. 2000 jäsentä.

Kansan Raamattuseura KRS (1945)

Sotien jälkeen evankelista Frank Mangs piti kokouksia ympäri maata. Tämän seurauksena perustettiin Kansan Raamattuseura, jonka keskeinen puuhamies oli Yrjö Karilas. Kansan Raamattuseuran "Sanan suvipäivillä" käy n. 5000-7000 henkeä.

Kuudeslaisuus

Kuusikymmentäluvulla ja sen jälkeen syntyneitä herätysliikkeitä voisi johdonmukaisuuden vuoksi kutsua kuudeslaisuudeksi.

Suomen Evankelisluterilainen Opiskelija- ja Koululaislähetys OPKO (1964)

OPKO perustettiin nimellä Ylioppilaslähetys. OPKO on nimensä mukaisesti keskittynyt opiskelija- ja koululaistyöhön. OPKO:n syntyhistoria liittyy 60-luvun herätykseen ja on taustaltaan viidesläinen.

Suomen Evankelisluterilainen Kansanlähetys SEKL (1967)

Toiminta-ajatuksena on rovasti Per-Olof Malkin oivallus: Evankelioikaa kansa evankelioimaan kansoja. Kansanlähetyksen *"Kansanlähetyspäiville"* kokoontuun. 7000-10000 henkeä.

Medialähetys Sanansaattajat SANSA (1973)

Sansa perustettiin radiolla tehtävää lähetystyötä varten. Perustajajäsen ja pitkäaikainen johtaja oli rovasti Per-Olof Malk. Sansa kustantaa kristillisiä radio-ohjelmia yli 40 kielellä.

Evankelisluterilainen lähetysyhdistys Kylväjä (1974)

Kylväjä toimii luterilaisen tunnustuksen pohjalla ja pyrkii julistuksessaan korostamaan uskonpuhdistuksen keskeisiä periaatteita. Kylväjä tekee työtä Bangladeshissa, Japanissa, Etiopiassa sekä mongoliheimojen, muslimien ja juutalaisten keskuudessa.

Paavalin synodi (1976)

Paavalin synodi on kirkossa toimiva perinteistä raamatuntulkintaa ja tunnustusta peräänkuuluttava järjestö. Protestiliike, joka on perustettu erityisesti vastustamaan naispappeutta.

Sinapinsiemen (1979)

Turun kirkkopäivillä 1979 vieraili mm. Taizén perustaja, Roger Louis Schultz-Marsauche ja joukko nuoria

Anna-Maija Raittilan mukana. Kirkkopäivät lahjoittivat tälle joukolle kiitokseksi omenapuun taimen. Taimi istutettiin Halikossa autioksi jääneen Varstalan tilalla. Perustettiin yhdistys, joka vuokraisi Varstalan tilat Taizén -toimintaa varten. Yhdistyksen nimeksi tuli Sinapinsiemen ry. Taizé-yhteisö on kansainvälinen, ekumeeninen yhteisö, joka perustettiin 1940 Etelä-Burgundissa Ranskassa.

Hiljaisuuden ystävät (1986)

Hiljaisuuden ystävät toimii Suomen evankelis-luterilaisen kirkon tunnustuksen pohjalta ekumeenisessa hengessä, edistää ja tekee tunnetuksi hiljaisuuden viljelyä sekä retriittitoimintaa.

Tuomasmessu (1988)

Tuomasmessu kehitettiin etsimään uusia tapoja viettää jumalanpalvelusta, kun kävijämäärät kirkoissa vähenivät. Olli Valtonen ja Miikka Ruokanen olivat perustamassa uutta jumalanpalvelusyhteisöä. Tuomasmessu toimii koekenttänä uusille ideoille. Taizélaiset toivat musiikin, hiljaisuuden ja mysteerin, Evankelikaalit halusivat kutsua uusia ihmisiä, Karismaatikot halusivat rukoilla sairaiden puolesta. Ortodokseilta kopioitiin pyhä kaaos rukousalttareineen, tulemisineen ja menemisineen. Osa ideoista on otettu käyttöön Suomen evankelis-luterilaisen kirkon normaalimessussa.

Kaksituhatlukulaisuus

Kuudeslaisuutta on sen verran runsasti, että on hyvä selvyyden vuoksi kutsua vuosituhannen vaihteen jälkeen syntyneitä kirkon uudistusliikkeitä kaksituhatlukulaisiksi. Todennäköistähän on, että uudistus-, protesti- ja muutosliikkeitä syntyy lisää jatkossakin.

Hengen uudistus kirkossamme (2007)

Hengen uudistus kirkossamme ry. on Suomen evankelisluterilaisessa kirkossa toimiva uudistusliike, jonka tarkoituksena on rohkaista Suomen evankelisluterilaista kirkkoa seurakuntineen sekä kirkon piirissä toimivia herätysliikkeitä ja yhdistyksiä jatkuvaan hengelliseen uudistumiseen, korostaa Pyhän Hengen, armolahjojen, rukouksen ja yhteyden merkitystä kristillisten kirkkojen, yhteisöjen ja yksityisten kristittyjen elämässä.

Evankelinen lähetysyhdistys ELY (2008)

Evankelisen lähetysyhdistyksen juuret ovat Suomen luterilaisessa evankeliumiyhdistyksessä (SLEY). Yhdistyksen perusti joukko keväällä 2008 SLEY:stä eronneita pappeja ja maallikoita. Välirikko johtui erilaisesta käsityksestä naisten sopivuudesta papin tehtäviin.

Muita kristillisiä yhdistyksiä

Opiskelijoiden lähetysliitto OL (1899)

Vuonna 1899 Suomeen perustettiin Akateemisten Vapaaehtoisten Lähetysliitto (AVL). Vuosien vieriessä monet asiat muuttuivat ja muovautuivat, niiden mukana myös nimi. AVL:stä tuli OL. Opiskelijoiden lähetysliitto on Helsingissä toimiva itsenäinen kristillinen opiskelijajärjestö nuorille aikuisille, joka toimii Suomen evankelisluterilaisen kirkon tunnustuksen pohjalta.

Suomen liikemiesten lähetysliitto ry
SLL (1920)

Suomen Liikemiesten Lähetysliitto on lähetyskannatusta kokoava ja liike-elämän palveluksessa olevien ihmisten henkistä ja hengellistä hyvinvointia tukeva Suomen evankelis-luterilaisen kirkon yhteydessä toi miva valtakunnallinen järjestö. Liiton toiminnan keskeiset sisältöalueet ovat kristillinen elämäntulkinta, liike-elämän etiikka ja maailmanlaaja vastuu.

Uusi uskonnollinen liike

Mistä kumpuaa tarve perustaa oma uskonnollinen liike? Tämä kysymys nousee hakemattakin esiin. Miksi Suomen ev.lut. kirkon kristityille ei kelpaa kirkon opit ja selitysmallit, vaan on jatkuvasti kehitettävä uutta ajattelua. Kysymystä herättää sekin, miksi kirkko sallii omassa piirissään tällaisen eriseuraisuuden? Kuitenkin taustana on yksi ja sama Raamattu ja sen sanoma. Voiko Raamattua tulkita kirkon sisällä miten tahansa ja olla silti oikeassa uskossa ja oikeassa paikassa?

Kansankirkon jäsenkunta jakaantuu nähtävästi kolmeen osaan. Ensin on suuri enemmistö, joka käy ehkä joulukirkossa ja käyttää kirkon tarjoamat seremoniapalvelut hyväkseen. Sitten tulee uskovaisten ryhmä, jolle riittää kirkon oppi ja hengellisyys. Kolmantena ryhmänä ovat ne uskovaiset, joille kirkon oppi ja hengellisyys ei riitä eikä kelpaa. He hakeutuvat erilaisiin kirkon sisällä toimiviin ryhmiin, joilla on omat käsityksensä evankeliumista, tai perustavat itse oman ryhmänsä.

Lisää kristillisyyttä

Edellä esiteltiin kansankirkon sisällä toimivia erilaisia yhdistyksiä joita voi kutsua kirkoiksi kirkossa. Suomen ev.lut.kirkon kulttuuri ja hengenelämä on runsasta ja monenkirjavaa.

Suomi on kristillisen yhdistystoiminnan luvattu maa. Luterilaisen kansankirkon sinänsä runsas tarjonta ei vielä riitä tyydyttämään kansalaisten uskonnollisia tarpeita.

Kansankirkkoon kuulumattomia liikkeitä

Nuorten Miesten Kristillinen Yhdistys NMKY (1889)

Suomen NMKY:n perustaja oli professori Arthur Hjelt. NMKY tarjoaa lapsille ja nuorille kristillisiin arvoihin perustuvaa toimintaa. NMKY on osa maailman laajuista YMCA-järjestöä, joka toimii yli 125 maassa.

Nuorten Naisten Kristillinen Yhdistys NNKY (1896)

Ottilia Stenbäck oli NNKY-liiton perustaja ja ensimmäinen puheenjohtaja. NNKY on yksi Suomen vanhimmista naisjärjestöistä. Toimintaa ohjaavia periaatteita ovat ekumeenisuus, kansainvälisyys, avoimuus, oikeudenmukaisuus ja pyrkimys tasa-arvoon tyttöjä ja naisia kouluttamalla ja vahvistamalla.

Suomen Tunnustuksellinen Luterilainen Kirkko STLK (1923)

STLK:n tausta on 1840-luvun evankelisessa herätysliikkeessä. Ehdottomasti luterilaiseen oppiin pitäytyvä Suomen evankelis-luterilaisesta kirkosta erillinen yhteisö.

Suomen Evankelisluterilainen Seurakuntaliitto (1928)

Aiemmin vuoteen 2012 asti Suomen Vapaa Evankelisluterilainen Seurakuntaliitto SVELS. Seurakuntaliitto on Suomen evankelis-luterilaisesta kirkosta erillinen yhteisö.

Suomen Gideonit (1967)

Kauppamatkustajat perustivat Maailmanlaajuisen Gideon -järjestön vuonna 1899. Myös Suomessa toiminnan aloittivat kauppaedustajat vuonna 1946. Nimi oli alunperin Kauppaedustajain Kristillinen Yhdistys kunnes se rekisteröitiin 18.10.1967 nimellä Suomen Gideonit. Päätoimintamuotona on ilmaisen kristillisen kirjallisuuden, erityisesti Raamattujen levittäminen.

Patmos lähetyssäätiö (1973)

Patmos ry. on yleiskristillinen järjestö. Sen perustajana pidetään Ensio Lehtosta, joka 1940-luvulla evankelioimistyönsä lisäksi perusti Kuva ja Sana Oy:n kristillisten lehtien julkaisemiseksi. Patmos tekee lähetystyötä noin kahdessakymmenessä maassa sekä sisälähetystyötä Suomessa.

Suomen Kristillinen Rauhanliike SRK (1976)

Suomen Kristillinen Rauhanliike perustettiin 1976 kansainvälisten suhteiden lauhassa suojasäässä. SRK:n perustaminen ja alkuvaiheet kytkeytyvät kiinteästi nimiin Heikki Waris (1901-1989) ja Pentti Laukama (1945-2001).

Suomen World Vision (1983)

Suomen World Vision on lasten elinoloja ja oikeuksia edistävä kristillishumanitaarinen kehitysyhteistyöjärjestö ja itsenäinen osa maailman suurinta kummilapsijärjestöä World Visionia. Toiminta perustuu kristillisille arvoille ja toisen vakaumuksen ehdottomalle kunnioittamiselle.

Seurakuntien yhteys (1999)

Yhdistyksen synnyn taustalla on Suomessa 1990-luvulla vaikuttunut Pyhän Hengen uudistusliikehdintä, jossa monet helluntaiseurakunnat irtautuivat ja ottivat Cityseurakunta-nimen. Yhdistyksessä on 19 seurakuntaa.

Tämä kristillisten järjestöjen luettelo ei ole täydellinen.
Suomessa toimii Luterilaisen kirkon ja erilaisten kristillisten liikkeiden lisäksi yksitoista muuta kristillisenä itseään pitävää kirkkoa, joiden opin taustana on Raamattu.

Ekumenia

Kristillisyys on monenkirjavaa. Uusia kristillisiä liikkeitä, joissa osataan lukea ja tulkita Raamattua paremmin kuin muissa, perustetaan jatkuvasti. Vanhemmat toimivat liikkeet ovat vuosien ja vuosisatojen saatossa muodostuneet erilaisiksi kulttuureiksi, joissa ulkopuolelta asiaa katsovan näkökulmasta erilaiset toiminnat, kuvat ja kumarrukset ovat tulleet itse asiaksi.

Nykyinen ekumeeninen liike on perustettu 1800-luvun lopulla tavoitteenaan hajallaan elävän kristikunnan saattaminen keskinäiseen yhteyteen. Tehtävä on haastava. Kristikunnalle on tyypillistä, että ollaan eri mieltä.

Ekumeenisen neuvoston jäseniksi voidaan hyväksyä Suomessa toimivat kirkot ja kristilliset yhteisöt, jotka tunnustavat Herran Jeesuksen Kristuksen Jumalaksi ja Vapahtajaksi Raamatun mukaan ja jotka sen vuoksi pyrkivät yhdessä täyttämään yhteistä kutsumustaan yhden Jumalan, Isän ja Pojan ja Pyhän Hengen kunniaksi.

Ekumeeninen liike pyrkii rajaamaan kristitty -käsitteen tarkoittamaan vain niitä kristittyjä, jotka tunnustavat kolmiyhteisen Jumalan, jossa siis Jumala on yksi, mutta toimii kolmena eri persoonana Isänä, Poikana ja Pyhänä Henkenä.

Kristityksi kutsumiseen ei tässä liikkeessä riitä, että

tunnustaa Herran Jeesuksen Kristuksen Jumalaksi ja Vapahtajaksi.

Suomessa ekumeenista liikettä edustaa Suomen ekumeeninen neuvosto (SEN). Ekumeeniseen liikkeeseen ei voi ilmoittautua jäseneksi. Siihen päästään tarkkailujäsenyyden kautta. Jäsenkirkkoja on 11 ja tarkkailijakirkkoja 5. Lisäksi on 19 kumppanuusjärjestöä. Kaikki kristilliset kirkot ja yhteisöt eivät ole mukana SEN liikkeessä.

Kolminaisuusoppi

Kolmiyhteinen Jumala -käsitteen määritelmä tulee Athanasiuksen tunnustuksesta:

"Sen, joka tahtoo pelastua, on ennen kaikkea pysyttävä yhteisessä kristillisessä uskossa. Sitä on noudatettava kokonaisuudessaan ja väärentämättä. Joka ei niin tee, joutuu epäilemättä iankaikkiseen kadotukseen.

Yhteinen kristillinen usko on tämä: Me palvomme yhtä Jumalaa, joka on kolminainen, ja kolminaisuutta, joka on yksi Jumala, persoonia toisiinsa sekoittamatta ja jumalallista olemusta hajottamatta.

Isällä on oma persoonansa, Pojalla oma ja Pyhällä Hengellä oma, mutta Isän ja Pojan ja Pyhän Hengen jumaluus on yksi, yhtäläinen on heidän kunniansa ja yhtä ikuinen heidän majesteettisuutensa.

Sellainen kuin on Isä, sellainen on myös Poika ja Pyhä Henki: Isä on luomaton, Poika on luomaton ja Pyhä Henki on luomaton.

Isä on ääretön, Poika on ääretön ja Pyhä Henki on ääretön.

Isä on ikuinen, Poika on ikuinen ja Pyhä Henki on ikuinen, eikä kuitenkaan ole kolmea ikuista, vaan yksi ikuinen, niin kuin ei myöskään ole kolmea luomatonta eikä kolmea ääretöntä, vaan yksi luomaton ja yksi ääretön.

Samoin on Isä kaikkivaltias, Poika kaikkivaltias ja Pyhä Henki kaikkivaltias, eikä kuitenkaan ole kolmea kaikkivaltiasta, vaan yksi kaikkivaltias.

Samoin Isä on Jumala, Poika on Jumala ja Pyhä Henki on Jumala, eikä kuitenkaan ole kolmea Jumalaa, vaan yksi Jumala. Samoin Isä on Herra, Poika on Herra ja Pyhä Henki on Herra, eikä kuitenkaan ole kolmea Herraa, vaan yksi Herra.

Niin kuin kristillinen totuus vaatii meitä tunnustamaan kunkin persoonan erikseen Jumalaksi ja Herraksi, samoin yhteinen kristillinen usko kieltää meitä puhumasta kolmesta Jumalasta tai Herrasta.

Isää ei kukaan ole tehnyt, luonut eikä synnyttänyt. Poika on yksin Isästä, häntä ei ole tehty eikä luotu, vaan hän on syntynyt. Pyhä Henki on lähtöisin Isästä ja Pojasta, häntä ei ole tehty eikä luotu eikä hän ole syntynyt, vaan hän lähtee. Isä on siis yksi, ei ole kolmea Isää, Poika on yksi, ei ole kolmea Poikaa, Pyhä Henki on yksi, ei ole kolmea Pyhää Henkeä.

Tässä kolminaisuudessa ei ole mitään aikaisempaa eikä myöhempää, ei mitään suurempaa eikä pienempää, vaan kaikki kolme persoonaa ovat yhtä ikuisia ja keskenään samanarvoisia, näin on siis palvottava niin kuin on sanottu - kolminaisuutta joka on yksi, ja ykseyttä joka on kolminaisuus.

Sen joka tahtoo pelastua, on siis ajateltava kolminaisuudesta näin.

Saavuttaaksemme iankaikkisen pelastuksen meidän on kuitenkin myös vakaasti uskottava, että meidän Herramme Jeesus Kristus on tullut ihmiseksi.

*Oikea oppi on tämä: Me uskomme ja tunnustamme,
että meidän Herramme Jeesus Kristus on Jumalan
Poika, Yhtä lailla Jumala ja ihminen.*

*Isän luonnosta ennen aikojen alkua syntyneenä hän
on Jumala, äidin luonnosta ajassa syntyneenä hän on
ihminen. Hän on täysi Jumala, ja täysi ihminen järjelli-
sine sieluineen ja ihmisruumiineen.*

*Jumaluudessaan hän on samanarvoinen kuin Isä,
ihmisyydessään vähäarvoisempi kuin Isä.*

*Vaikka hän on Jumala ja ihminen, ei kuitenkaan ole
kahta Kristusta, vaan yksi.*

*Yhdeksi hän ei ole tullut siten, että jumaluus olisi
muuttunut ihmisyydeksi, vaan siten, että Jumala on
omaksunut ihmisyyden. Yksi hän ei ole sen vuoksi, että
luonnot olisivat sekoittuneet toisiinsa, vaan siksi, että
hän on yksi persoona. Sillä niin kuin järjellinen sielu
ja ruumis yhdessä ovat yksi ihminen, niin Jumala ja
ihminen ovat yksi Kristus.*

*Hän on kärsinyt meidän pelastuksemme tähden,
astunut alas helvettiin, noussut kuolleista, astunut ylös
taivaisiin, istunut Isän oikealle puolelle, ja sieltä hän
on tuleva tuomitsemaan eläviä ja kuolleita. Hänen
tullessaan kaikkien ihmisten on noustava kuolleista
ruumiillisesti ja käytävä tilille siitä, mitä ovat tehneet.
Hyvää tehneet pääsevät ikuiseen elämään, pahaa teh-
neet joutuvat ikuiseen tuleen.*

*Tämä on yhteinen kristillinen oppi. Se joka ei usko
sitä vakaasti ja vahvasti, ei voi pelastua." evl.fi*

Mielenkiintoiseksi Athanasiuksen uskontunnustuk-
sen tekee se, että Athanasius*, jonka nimeä määritelmä
kantaa eli kokonaan eri vuosisadalla kuin millä kirjoi-
tus on todennäköisesti laadittu. Uskontunnustuksen
kirjoittajaa ei siis tunneta. Myöskään Raamatussa ei
puhuta kolmiyhteisestä Jumalasta. Tähän on päädytty
päättelemällä.

Tietosanakirjat kolminaisuusopista

"Kolminaisuusopilla ei ole välitöntä perustaa Raamatussa." Otavan suuri ensyklopedia 1977, 3. osa, s. 2435

"Varsinaista kolminaisuusoppia ei ole raamatussa. Kolminaisuusdogmin kehittäminen suoritettiin pääasiallisesti loppuun 300-luvulla. Länsimailla se valettiin Athanasiuksen tunnustuksen kaavoihin." Iso tietosanakirja 1934, 6. osa, palsta 1123.

---

*) Athanasius Aleksandrialainen eli Athanasius Suuri (n. 298 – 373) oli yksi varhaisen kristillisen ajan kirkkoisistä ja Aleksandrian piispa. Hän puolusti oppia Isän ja Pojan yhdestä olemuksesta ja sen vuoksi tunnustus kantaa hänen nimeään, vaikka itse teksti onkin kirjoitettu Espanjassa tai nykyisen Etelä-Ranskan alueella 500-luvun alussa.

Ihmisen kysymyksiä -kirkot vastaavat

Alussa kysyttiin kristityn kuluttajasuojan perään. Onhan oleellista tietää kirkon vastaus tavallisimpiin kysymyksiin, kuten mikä on kirkon alkuperä tai tieto kirkon perustajasta tai vastaus sellaisiin keskeisiin opillisiin kysymyksiin, jotka ihmisiä askarruttavat. Vastaukset eivät aina ole kovinkaan selvästi tiedossa.

Paras tapa selvittää asiaa on kysyä kirkosta. Kahdentoista kristillisen kirkon virallisille edustajille lähetettiin kymmenen kysymysaihetta vastattaviksi, yhteensä kolmekymmentäviisi kysymystä - tavallisia ihmisen kysymyksiä, joita voisi varmasti olla paljon enemmän mutta nyt haluttiin esittää nämä, ehkä eniten ihmisiä kiinnostavat kysymysaiheet, joiden vuoksi uskonnot ja kirkot ovat olemassa.

Kysymyksiin toivottiin lyhyttä vastausta. Oletettiin, että kirkoilla olisi vastaukset valmiina näin tavallisiin kysymyksiin.

Kysymykset esitettiin kaikille samalla tavalla. Ne lähetettiin postitse. Ensimmäiset vastaukset saapuivat nopeasti. Seuraavia sai odottaa. Monien kirkkojen kohdalla kysymyksiin ei muuten saatu vastauksia kuin kerjäämällä ja maanittelemalla. Tätä voi ihmetellä kun voisi kuvitella kirkkojen mielellään kertovat itsestään ja toiminnastaan. Kirkkojen suhtautumisessa näihin kysy-

myksiin on koko skaala: myönteisestä ystävällisyydestä
kielteiseen penseyteen.

Vastaamiseen on ollut aikaa yli vuoden verran ja
kysymyksistä muistutettiin toistuvasti sähköpostitse
ja puhelimitse jos kieltävääkään vastausta ei saatu.
Kaikilta ei saatu vastausta lainkaan. Sitä tärkeämpää on
kysyä ja vaatia kunnollista vastausta tällaisiin tavalli-
siin kysymyksiin. Kirkot ovat vastauksen velkaa omille
jäsenilleen ja muullekin yhteiskunnalle koska toimi-
vat julkisesti. Kuluttajansuoja uskon asioissa ei aina
toteudu tarpeeksi hyvin.

Kristillisyyden määrittelyksi tässä riittää, että
kirkon opin taustana pidetään Raamattua ja Jeesus
Kristus tunnustetaan Vapahtajaksi.

Historiaosuudessa käytiin läpi kristinuskon vaiheet
alusta asti. Tätä taustaa vasten voi paremmin ymmär-
tää nykyajan kristillistä moninaisuutta.

Kirkot puhuvat samasta Jumalasta. Totuuden etsijää
kiinnostaa ovatko jotkut opetuksessaan oikeammassa
kuin toiset - uskottavuutta tavoitellaan. Onko mah-
dollista, että kaikki erimieliset voisivat olla oikeassa?
Kenellä näistä esillä olevista kirkoista on valtuudet
esiintyä Jumalan oikeana edustajana maan päällä? Ja
kenellä on esittää sellainen pappeuden jatkumo, joka
on saatu oikeasta lähteestä eli Jeesukselta Kristukselta?
Sellainen on kaiketi oltava, että pappeuden toimituk-
sille voisi kuvitella Jumalan hyväksynnän ja luvatun
pelastuksen.

Tästä pappeuden valtuudesta ei erikseen kysytty
mutta kysyttiin kuitenkin pappeudesta ja toivottavasti
sitä kautta tulee vastauksia.

Voiko kuka tahansa perustaa kirkon ja ilmoittaa
olevansa Jumalan maanpäällinen edustaja? Maallisissa
asioissa tarvitaan asianmukainen valtuutus kun ryhtyy

esimerkiksi poliisiksi, lääkäriksi, tullivirkailijaksi tms. Miten on kirkkojen laita?

Alussa jo mainittiin, että ei olla laatimassa kirkkojen "paremmuusjärjestystä". Sellainen jää lukijan omaksi asiaksi. Tässä kirkot mainitaan arvotussa järjestyksessä.

Tarjolla on mahdollisuus esitellä kirkkoa ja sen ainutkertaisia ominaisuuksia. Seuraavassa saamme nähdä miten tilaisuus käytetään hyväksi.

Kirkon virallisen nimen yhteydessä on lyhyt selostus saatujen tietojen lähteestä ja millä tavalla tiedot saatiin koottua.

Kirkoille esitetyt kysymykset:

KIRKON ALKUPERÄ

Kirkon virallinen nimi?

Kirkon nimi valaisee hyvin sen mitä kirkko edustaa.

Myöhempien Aikojen Pyhien Jeesuksen Kristuksen Kirkko

Kysymyksiin paneuduttiin kiitettävällä perusteellisuudella ja vastauksia saatiin todella odottaa. Tiedotusjohtaja Risto Leppänen hyväksytti vastaukset Matti Jouttenuksella, joka käytti kirkon virallista ääntä Suomessa.

Jehovantodistajat

Jehovan todistajat eivät halunneet useista pyynnöistä huolimatta vastata kysymyksiin. Tiedotusjohtaja Veikko Leinonen lähetti kuitenkin erilaista materiaalia ja linkkejä lähteisiin, joista on poimittu vastauksia osaan kysymyksistä. Vastaukset lähetettiin hyväksyttäviksi.

Kirkon virallinen nimi?

Suomen Helluntaikirkko

Suomen Helluntaikirkosta ei saatu vastauksia useista pyynnöistä ja lupauksista huolimatta. Toiminnanjohtaja Esko Matikainen antoi linkin heidän sivuilleen, joista poimittiin joitakin vastauksia ja lähetettiin tarkastettavaksi ja täydennettäväksi. Lopulta hallituksen puheenjohtaja Pekka Havupalo toimitti vastaukset ilman ongelmia.

Suomen Vapaakirkko

Kirkkokunnanjohtaja Hannu Vuorinen suhtautui asiaan periaatteessa myönteisesti mutta vastauksia kysymyksiin ei eri syistä kuulunut. Lopulta lukuisten kyselyjen jälkeen tiedot juuri ja juuri ehtivät mukaan.

Suomen Metodistikirkko

Pastori Timo Virtanen vastasi nopeasti kirjeeseen ja laittoi mukaan aineistoa kirkon opeista. Vastaukset lähetettiin tarkistusta ja täydennystä varten. Timo Virtasen tuuraajana ollut Tapani Rajamaa lähetti tietojen täydennykset.

Suomen Baptistikirkko

Johtaja Jari Portaankorva vastasi välittömästi kysymyksiin eikä asiaa koettu vaikeaksi.

Pelastusarmeija

Pelastusarmeija suhtautui vastentahtoisesti kyselyyn. Heille lähetettiin esitäytetyt vastaukset, jotka löytyivät heidän sivuiltaan ja yleisistä lähteistä. Viestintäpääl-

likkö Eija Kornilow lopulta hyväksyi vastaukset ja
ilmoitti, että niihin sisältyy heidän uskonsa perusta.
Kaikkiin kysymyksiin ei saatu vastausta.

Suomen Adventtikirkko tai Seitsemännen päivän adventtikirkko

Tiedotusjohtaja Orvo Miettinen siirsi vastaamisen Kai
Arasolalle, joka vastasi kysymyksiin ilman ongelmia.

Suomen evankelis-luterilainen kirkko

Kesti viikkoja ennen kuin kirje kirkon viralliselle
edustajalle löysi tiensä piispainkokouksen pääsihteeri
Jyri Komulaisen pöydälle. Hän ilmoitti, ettei pysty
vastaamaan näihin kysymyksiin, etenkin kun ev.lut. kir-
kossa on monista asioista jännitteisiäkin mielipiteitä.
Kirkon tiedotusjohtaja Tuomo Pesonen ei myöskään
voinut vastata ja ehdotti tiedotuspäällikkö Iiris Kivi-
mäkeä vastaamaan. Ei onnistunut. Lopulta kysymykset
esitettiin arkkipiispa Kari Mäkiselle, jonka teologinen
erityisavustaja Mika K T Pajunen ilmoitti, ettei vastaa-
minen ole aivan yksinkertaista koska kirkko ei halua
sitoa ihmisten omaa tuntoa. Tähän oli sitten tyytymi-
nen ja vastaukset koottiin evl.fi -sivuilta. Vastaukset
lähetettiin tiedoksi. Kaikkiin kysymyksiin ei löytynyt
vastausta. On vain todettava, ettei ev.lut.kirkolla ole
kantaa kaikkiin kysymyksiin.

Suomen Anglikaaninen kirkko (The AnglicaChurch in Finland)

Kappalainen Tuomas Mäkipää vastasi kysymyksiin
ilman suurempaa vaikeutta.

Suomen ortodoksinen kirkko

Teologinen sihteeri Outi Vasko ilmoitti arkkipiispa Leon olevan sitä mieltä, ettei kysymyksiin vastata. Kuitenkin tiedusteltiin Helsingin ortodoksisen seurakunnan tiedottajalta Vlada Wahlsténilta löytyisikö kirkosta vastauksen näihin kysymyksiin. Hän välitti kysymykset pappismunkki Serafim Seppälälle, joka kuitenkaan ei saanut vastauksia aikaiseksi. Lopulta löytyi tiedottajaharjoittelija Jyri Luonila, joka lähetti vastaukset kysymyksiin.

Katolinen kirkko

Kirkon tiedostusjohtaja Marko Tervaportti vastasi osaan kysymyksistä ilman mitään vaikeutta. Kysymysten täydentäminen osoittautui eri syistä työlääksi mutta vastaukset kuitenkin saatiin.

Miten kirkkonne on perustettu?

Kiinnostavaa tietää miten on syntynyt kirkko, joka edustaa Jumalaa maan päällä ja opettaa Jumalan sanaa ihmisille. Kun perustaa kirkon täytyy olla jotain enemmän ja parempaa sanottavaa kuin niillä, jotka ovat perustaneet kirkon jo aiemmin.

Myöhempien Aikojen Pyhien Jeesuksen Kristuksen Kirkko

Taivaallinen Isä ja Jeesus Kristus ilmestyivät vastauksena 14-vuotiaan Joseph Smithin vilpittömään rukoukseen, ja He palauttivat Jeesuksen Kristuksen kirkon ja evankeliumin hänen kauttaan. Myöhemmin Josephille

ilmestyi muita taivaallisia sanansaattajia, kuten enkeli
Moroni, joka oli Amerikan mantereella noin 400 jKr.
elänyt profeetta, sekä Mooses, Johannes Kastaja, Pie-
tari, Jaakob ja Johannes jne. He kukin palauttivat heillä
olleen valtuuden ja heillä olleet avaimet. Kirkko perus-
tettiin Jeesuksen Kristuksen antaman ilmoituksen
mukaisesti. Oppi ja liitot -kirja on kokoelma ilmoituk-
sia, joissa Jeesus Kristus on selittänyt yksityiskohtai-
sesti, miten Hänen kirkkonsa tulee perustaa ja miten
sitä tulee johtaa elävän profeetan ja apostolien kautta.

Jehovantodistajat

Jehovan todistajien nykyinen järjestö alkoi muotoutua
1800-luvun lopulla. Noihin aikoihin Yhdysvalloissa
Pennsylvanian osavaltiossa lähellä Pittsburghia pieni
raamatuntutkijoiden ryhmä alkoi tarkastella Raamattua
järjestelmällisesti. Ryhmän jäsenet vertasivat kirkkojen
opetuksia siihen, mitä Raamatussa todella sanotaan.
He alkoivat julkaista oppimiaan asioita sanomaleh-
dissä, kirjoissa ja lehdessä, joka nykyään tunnetaan
nimellä Vartiotorni – Jehovan valtakunnan julistaja.

Suomen Helluntaikirkko

Neuvotteluvaltuuskunnan kutsumina Tampereelle
15.9.2001 kokoontuneet helluntaiseurakuntien edustajat
päättivät antaa luvan helluntaiseurakunnista muo-
dostuvan uskonnollisen yhdyskunnan perustamiseen.
Perustamista edelsi yli kymmenen vuoden mittainen
valmistelu- ja keskusteluprosessi.

Suomen Vapaakirkko

Tyypiltään vapaakirkollisia herätyksiä syntyi Pohjanmaan ja Uudenmaan rannikkoseuduilla jo 1870-luvun lopulla. Herätysten seurauksena syntyi Vapaa lähetys-niminen liike, joka toimi ev.-lut. kirkon sisällä. Keskeisenä tavoitteena oli lähetystyön virittäminen ja tekeminen, kuin myös evankeliumin julistaminen kotimaassa. Toisena painotuksena oli lähimmäisten palveleminen käytännöllisillä tavoilla. Alusta lähtien korostettiin henkilökohtaista uskonelämää ja siitä kumpuavaa lähimmäisenrakkautta.

Vapaan lähetyksen ystävät alkoivat kokoontua eri paikkakunnilla seurakunnanomaiseen toimintaan, johon pian alkoi liittyä myös ehtoollisen viettoa. Seuraavana askeleena oli 1920-luvulla Suomen Vapaakirkon syntyminen, kun uusi uskonnonvapauslaki teki sellaisen mahdolliseksi. Uskonnollisena yhdyskuntana Vapaakirkko rekisteröityi 1923.

Suomen Metodistikirkko

Metodismin isä John Wesley oli kuolemaansa asti Englannin kirkon pappi. Hän koki hengellisen murroksen toukokuun 24. Päivänä 1738 kuullessaan luettavan Lutherin esipuhetta Roomalaiskirjeeseen. Pian hän alkoi kerätä yhteen miehiä ja naisia, jotka tahtoivat totista kristillisyyttä. Näin alkoi metodistinen herätys. Neljä vuotta Wesleyn kuoleman jälkeen 1799 muodostivat hänen seuraajansa erityisen kirkkokunnan Englannissa.

Jouluna 1784 perustettiin - J Wesleyn ohjeiden mukaisesti USA:n Baltimoressa Piispallinen metodistikirkko, jonka perillinen on nykyinen United Methodist

Church – siihen Suomen Metodistikirkko kuuluu (ei englantilaiseen).

Suomen Baptistikirkko

Amsterdamissa perustettiin ensimmäinen baptistiseurakunta. Baptismin juuret ulottuvat Euroopan 1500-luvun uskonpuhdistukseen anabaptisteihin ja mennoniittoihin ja Englannin separatisteihin, jotka perustivat ensimmäisen seurakunnan (anglikaanit ym.) he toimivat läheisessä yhteydessä 1600 –luvun alussa Amsterdamin mennoniittojen kanssa.

Pelastusarmeija

Metodistisaarnaaja William Booth (1829-1919) perusti vaimonsa Catherinen (1829-1890) kanssa 1860-luvulla Lontooseen Itä-Lontoon Kristillinen lähetys nimisen järjestön. Boothit aloittivat alueella evankelioivat kokoukset, jotka he kohdistivat alueen köyhimpään väestönosaan, ja saivat alueella aikaan herätyksen.
Uskonnot.fi

Suomen Adventtikirkko

Kirkko syntyi yhteiskristillisen adventtiherätyksen jälkimainingeissa Yhdysvalloissa vuonna 1863. Suomeen ensimmäinen adventtiseurakunta perustettiin Helsingissä 1894.

Suomen evankelis-luterilainen kirkko

Ennen uskonpuhdistusta 1500-luvun alkupuolelle saakka Suomen hiippakunta kuului Uppsalan kirk-

koprovinssiin ja roomalaiskatoliseen kirkkoon. Paavi
nimitti piispat, jotka samalla kuuluivat Ruotsin valtae-
liittiin ja joilla oli merkittävä valtiollinen asema.

Vuonna 1593 tehdyllä Upsalan kokouksen päätök-
sellä Ruotsi – Suomen valtakunnanuskonnoksi vakiin-
tui luterilaisuus. evl.fi

Uskonpuhdistuksen yhteydessä kirkko menetti
asemansa ja omaisuutensa ja joutui valtiovallan tiuk-
kaan holhoukseen. Kuningas nimitti piispat ja kirkkoa
koski valtakunnan yleiseen lainsäädäntöön kuuluva,
niin kutsuttu karoliininen kirkkolaki (1686). Kirkosta
tuli osa valtionhallintoa. Vallitsi puhdas valtiokirkkojär-
jestelmä. Kaikkien kansalaisten oli kuuluttava evanke-
lis-luterilaiseen kirkkoon. evl.fi

Suomen Anglikaaninen kirkko

Suomessa anglikaaninen kirkko on toiminut koko
itsenäisyyden ajan. Ensimmäiset seurakuntalaiset
pakenivat Pietarista Venäjän vallankumousta. Englan-
nin kirkko tuli omaksi kirkkokunnakseen 1500-luvulla
kuningas Henrik VIII aikaan.

Suomen ortodoksinen kirkko

Ortodoksisuus määrittyy jatkumona, joka on alkanut
Jeesuksen Kristuksen Apostoleista, jotka ensin saarna-
sivat Kristuksen totuutta maailmalle.

Katolinen kirkko

Kirkon alkuperä ja täyttymys löytyvät Jumalan ikuisesta suunnitelmasta. Sitä valmisteltiin vanhassa liitossa Israelin valitsemisella, joka oli merkki kaikkien kansojen tulevasta yhdistymisestä. Se perustettiin Jeesuksen Kristuksen sanoilla ja teoilla ja toteutettiin ennen kaikkea hänen vapahtavalla kuolemallaan ja ylösnousemuksellaan. Se ilmoitettiin sitten pelastussalaisuudeksi Pyhän Hengen vuodattamisella helluntaina. Se tulee toteutumaan aikojen lopussa kaikkien lunastettujen taivaallisena kokoamisena.

Onko kirkollanne selkeä perustaja?

Oleellinen asia on tietää kuka on kirkon perustaja. Tämä ei aina ole kovinkaan selvästi tiedossa.

Myöhempien Aikojen Pyhien Jeesuksen Kristuksen Kirkko

Kyllä, Joseph Smith.

Jehovantodistajat

Vilpittömien raamatuntutkijoiden ryhmään kuului mies nimeltä Charles Taze Russell. Vaikka Russell johti tuohon aikaan raamatullista opetustyötä ja oli Vartiotornin ensimmäinen julkaisija, hän ei perustanut uutta uskontoa. Russellin ja muiden raamatuntutkijoiden (jolla nimellä Jehovan todistajat aiemmin tunnettiin) tavoitteena oli tehdä tunnetuksi Jeesuksen Kristuksen opetuksia ja jäljitellä ensimmäisen vuosisadan kristillisen seurakunnan toimintaa. Koska Jeesus on kristillisyyden perustaja, pidämme häntä järjestömme perustajana.

Suomen Helluntaikirkko

Helluntaiseurakuntien edustajat.

Suomen Vapaakirkko

Varsinaista perustajaa ei ole, mutta muun muassa englantilainen lordi Radstock vaikutti liikkeen syntyyn vierailujensa kautta. Konstantin Boije af Gennäs, Hjalmar Braxén ja Antti Mäkinen olivat vaikuttajia ensimmäisten vuosikymmenten aikana.

Suomen Metodistikirkko

John Wesley. Hän on metodistisen herätysliikkeen perustaja ja on antanut ohjeet kirkon perustamiselle. Sen perustajia olivat kuitenkin Thomas Coke ja Francis Ashbury.

Suomen Baptistikirkko

Ei. Baptismilla ei ole varsinaista perustajaa mutta liikkeen lähtökohtana pidetään Amsterdamissa perustettua ensimmäistä seurakuntaa.

Pelastusarmeija

William Booth.

Suomen Adventtikirkko

Ei. Edellä mainitun adventtiherätyksen johtohahmona oli William Miller niminen baptisti, jolla ei kuitenkaan ollut mitään yhteyttä adventtikirkon perustamiseen.

Kirkon synnylle keskeisiä henkilöitä olivat Joseph Bates, James White, John Andrews, Uriah Smith ja Ellen White.

Suomen evankelis-luterilainen kirkko

Kaarle-herttua ja Upsalan sopimuksen 27 muuta allekirjoittajaa. evl.fi

Suomen Anglikaaninen kirkko

Kirkon perustaja ja pää on Kristus. Bede, Augustinus Canterburyläinen ovat merkittäviä hahmoja.

Suomen ortodoksinen kirkko

Jeesus Kristus.

Katolinen kirkko

On: Jeesus Kristus.

Kirkkonne perustamisajankohta?

Mielenkiintoinen asia mihin maailmanhistorian hetkeen kirkon perustaminen osuu ja miksi juuri silloin.

Myöhempien Aikojen Pyhien Jeesuksen Kristuksen Kirkko

6.4.1830

Jehovantodistajat

Yhdysvalloissa 1870-luvulla.

Suomen Helluntaikirkko

Tammikuussa 2002.

Suomen Vapaakirkko

Suomen Vapaakirkko perustettiin 1.2.1923. Suomen Vapaa lähetys oli toiminut sitä ennen jo 1870-luvulta lähtien.

Suomen Metodistikirkko

Englannissa 1799, USA:ssa 1784. Suomessa ensimmäinen metodistiseurakunta perustettiin Vaasaan 1881 ja ensimmäinen suomenkielinen seurakunta Poriin 1887. Rekisteröity Suomen Metodistikirkko on virallisesti hyväksytty 1892. Vuonna 1923 se jakautui kirkkokuntiin: Suomen Metodistikirkko ja Finlands Svenska Metodist kyrka.

Suomen Baptistikirkko

Vuonna 1609 ensimmäinen seurakunta Amsterdamiin. Suomen ensimmäinen baptistiseurakunta perustettiin Föglön saarelle 1856.

Pelastusarmeija

1865

Suomen Adventtikirkko

1863

Suomen evankelis-luterilainen kirkko

Upsalassa 1593. evl.fi

Suomen Anglikaaninen kirkko

Anglikaaninen kirkko irtautui roomalaiskatolisesta
kirkosta vuonna 1534.

Suomen ortodoksinen kirkko

Ensimmäinen helluntai vuonna 30-33 jaa.

Katolinen kirkko

Ensimmäinen helluntai.

KIRKON ERITYISPIIRTEET

Mitkä ovat ne merkittävät asiat, joiden vuoksi kirkkonne on olemassa?

Vaikka kaikissa kirkoissa puhutaan samasta Jumalasta
ne ovat erilaisia. Miksi kirkko on perustettu?

Myöhempien Aikojen Pyhien Jeesuksen Kristuksen Kirkko

Apostolien kuoleman myötä uskonnollinen totuus
ja valtuus hävisivät maan päältä. Kirkoissa syntyi

**Mitkä ovat ne merkittävät asiat, joiden vuoksi
kirkkonne on olemassa?**

hajaannusta ja käyttöön tuli monia jumalattomia
tapoja kuten anekauppa. Joseph Smith kantoi huolta
omasta pelastuksestaan ja halusi saada tietää, mikä
monista sen ajan kirkoista oli oikeassa, jotta hän voisi
itse liittyä siihen. Josephin kysymykseen, mikä kaikista
kirkoista oli oikea, Jumala vastasi, ettei hän saanut
liittyä yhteenkään niistä, sillä ne olivat kaikki väärässä.
Myöhemmin Josephille ilmestyi enkeli Moroni, joka
kertoi, että Jumalalla olisi hänelle työ tehtävänä ja että
hänen nimeään tultaisiin mainitsemaan sekä hyvällä
että pahalla kaikkien kansakuntien, sukujen ja kielten
keskuudessa eli että siitä puhuttaisiin sekä hyvää että
pahaa kaikkien ihmisten keskuudessa. Myöhemmin
Joseph käänsi Jumalan lahjan ja voiman avulla Mormo-
nin Kirjan ja Jumala neuvoi häntä perustamaan kirkon,
joka on sama kirkko, jonka Jeesus perusti ollessaan
maan päällä.

Jehovantodistajat

Jehova toivottaa tervetulleiksi palvelijoistaan koostu-
vaan perheeseensä kaikki ne, jotka hylkäävät väärän
uskonnon. Jos otat vastaan Jehovan lämpimän kutsun,
hänestä tulee sinun ystäväsi, saat toisista Jehovan
palvelijoista uuden, rakastavan perheen ja voit elää
ikuisesti.

Suomen Helluntaikirkko

Suomen Helluntaikirkko perustettiin palvelemaan ja
edustamaan Suomen Helluntaiseurakuntia. Se toimii
paikallisseurakuntien yhteistyöelimenä ja edustaa hel-

Mitkä ovat ne merkittävät asiat, joiden vuoksi
kirkkonne on olemassa?

luntailiikettä niin kirkollisissa ja kansainvälisissä kuin
yhteiskunnallisissakin yhteyksissä.

Suomen Vapaakirkko

Vapaakirkon tunnustus korostaa neljää asiaa:

1. Henkilökohtaisen uskon herääminen ja säilyminen (herätysliike).

2. Raamatun merkitys Jumalan ilmoituksena ja kaiken uskonelämän ylimpänä auktoriteettina ja ohjeena (Raamattuliike).

3. Paikallisseurakunnan merkitys kristilliselle elämälle (seurakuntaliike).

4. Kristillisen vakaumuksen mukainen palvelu ja vaikuttaminen yhteiskunnassa (osallistuva ja palveleva liike).

Suomen Metodistikirkko

Evankeliumin julistaminen. Julistaa herätyksen, parannuksen ja pelastuksen evankeliumia. Tähdentää kristillisen elämän henkilökohtaista luonnetta ja siihen perustuvaa yksilön vastuuta. Erot muihin kirkkoihin ovat lähinnä korostuseroja: toisaalta henkilökohtainen uskonelämä ja toisaalta pyhityksen, hengellisen ja henkisen kasvun korostaminen kristityn elämässä.

Suomen Baptistikirkko

Evankeliumin julistus. Baptistit korostavat ihmisen henkilökohtaista uskonratkaisua, parannuksen tekoa ja elämänmuutosta.

Mitkä ovat ne merkittävät asiat, joiden vuoksi
kirkkonne on olemassa?

Pelastusarmeija

Pelastusarmeijan harjoittamaan evankeliointiin kytkeytyy myös sosiaalinen puoli. William Booth tajusi, että on vaikeaa saada vilua ja nälkää kärsivät ihmiset uskomaan Jumalan rakkauteen. Näin syntyi Pelastusarmeijan toimintaa hyvin kuvaava iskulause: soppaa, saippuaa ja sielunhoitoa. pelastusarmeija.fi

Suomen Adventtikirkko

Perustana kaikelle on protestanttinen käsitys uskon, Kristuksen ja armon riittävyydestä ja Raamatun arvovallasta. Adventisteille ajatus paluusta alkuperäiseen raamatulliseen kristillisyyteen on tärkeä. Keskeisiä opetuksia ovat Jeesuksen tulon läheisyys, halu pitää raamatullista lepopäivää, sapattia (lauantaita), holistinen (kokonaisvaltainen) ihmiskäsitys, ylösnousemuksen korostaminen ikuisen elämän toivona, baptistinen kastekäytäntö ja terveellisten elämäntapojen korostaminen.

Suomen evankelis-luterilainen kirkko

Kirkon tehtävä on kutsua ihmisiä armollisen Jumalan yhteyteen, tuoda elämään kestävä perusta ja rohkaista välittämään lähimmäisistä ja luomakunnasta.

Seurakuntien tehtävänä on ensisijaisesti seurakunnan kirkollisista asioista huolehtiminen. Yhteiskunnallisista tehtävistä seurakunnalla on hautaustoimi ja väestökirjanpito. Hautaustoimi on eduskunnan säätämän yleisen hautaustoimilain nojalla koko maan osalta seurakuntien velvollisuus. Sotilas- ja vankilapastorit

Mitkä ovat ne merkittävät asiat, joiden vuoksi
kirkkonne on olemassa?

---

ovat papillisissa tehtävissään tuomiokapitulien valvon-
nan alaisia. evl.fi

Suomen Anglikaaninen kirkko

Kirkko on olemassa evankeliumia varten ja se on
kutsuttu julistamaan sitä tuoreena jokaiselle sukupol-
velle. Kirkon itseymmärrys on pitkälle ajatuksessa,
että kirkko edustaa kristillistä perinnettä niin kuin se
tuotiin Englantiin 300-luvulla.

Suomen ortodoksinen kirkko

Suomalaiset ortodoksit ovat osa kaksituhatvuotista
Kirkon historiaa ja välittävät edelleen oikeaa Kristuk-
sen uskoa, joka on katkeamattomana jatkunut Jeesuk-
sen ja apostolien ajoista nykypäivään.

Katolinen kirkko

Kirkko on kaikkien ihmisten Jumalan kanssa tapahtu-
van sovituksen ja koko ihmissuvun ykseyden merkki ja
väline.

Mitkä seikat ovat vain teidän kirkollenne ominaisia?

On kiinnostavaa tutustua eri kirkkojen erityispiirteisiin
ja kirkkopersoonaan. Täytyyhän olla joitakin vain tälle
kirkolle ominaisia piirteitä mitä ei muualta löydy.

Myöhempien Aikojen Pyhien Jeesuksen Kristuksen Kirkko

Isän ja Pojan ilmestyminen Joseph Smithille sekä sen myötä Jeesuksen Kristuksen kirkon ja evankeliumin palauttaminen takaisin maan päälle meidän aikanamme.

Jatkuva ilmoitus suoraan Jumalalta elävälle profeetalle – alkaen profeetta Joseph Smithista ja jatkuen aina meidän aikaamme asti – minkä kautta Jumala ilmoittaa edelleen tahtonsa lapsilleen ja ohjaa ja neuvoo heitä.

Ymmärrys evankeliumin pelastavista toimituksista – tarkoittaen pappeuden valtuuden ja toimitusten palauttamista sekä temppeleitä ja niissä tehtävien liittojen ja toimitusten palauttamista.

Kirkon organisaatio – kirkkoa johtavat elävä profeetta, kaksitoista apostolia ja seitsenkymmenet kuten Kristuksen aikana.

Ymmärrys perhesuhteiden jatkumisesta haudan tuolle puolen – tarkoittaen temppelissä saatavia toimituksia, jotka mahdollistavat iankaikkisen, yli kuoleman jatkuvan avioliiton ja iankaikkiset siteet lapsiin.

Mormonin Kirja, joka on Raamatun rinnalla pyhä kirja ja toinen todistus Jeesuksesta Kristuksesta. Mormonin kirja kertoo Jumalan kanssakäymisistä Amerikan mantereen muinaisten asukkaiden kanssa ja sisältää ikuisen evankeliumin täyteyden. Kirjan nimisivulla kerrotaan kirjan päätarkoituksista:

"Se on siis lyhennelmä Nefin kansan ja myös lamanilaisten aikakirjasta. Kirjoitettu lamanilaisille, jotka ovat Israelin huoneen jäännös, ja myös juutalai-

Mitkä seikat ovat vain teidän kirkollenne ominaisia?

---

sille ja pakanoille. Kirjoitettu käskystä sekä profetian ja ilmoituksen Hengen avulla. Kirjoitettu ja sinetöity sekä kätketty Herran huomaan, jotteivät ne tuhoutuisi – tullakseen julki Jumalan lahjan ja voiman avulla käännettäväksi. Moronin käden sinetöimä ja Herran huomaan kätketty, tullakseen julki oikeana aikana pakanoiden avulla. Käännös Jumalan lahjan avulla."

Muut pyhät kirjoitukset kuten Oppi ja liitot, joka sisältää profeetta Joseph Smithille annettuja ilmoituksia sekä muutamia hänen seuraajiensa kirkon presidentteinä tekemiä lisäyksiä, sekä Kallisarvoinen helmi, joka koostuu valikoimasta Joseph Smithin, Myöhempien Aikojen Pyhien Jeesuksen Kristuksen Kirkon ensimmäisen profeetan, näkijän ja ilmoituksensaajan ilmoituksista ja käännöksistä sekä hänen sanelemistaan kirjoituksista.

Oppi kuolleiden pelastuksesta ja profeetta Elian tehtävästä "kääntää isien sydämet lasten puoleen ja lasten sydämet isien puoleen", niin ettei maata tuomita perikatoon kun Kristus tulee (ks. Malakia 3:23–24) – tällä tarkoitetaan jäsenten tekemää sukututkimustyötä omien sukulaistensa puolesta.

Hengellisen ja ajallisen omavaraisuuden periaate, johon sisältyy myös köyhistä ja puutteenalaisista huolehtiminen.

Viisauden sanana tunnettu terveellisen elämän periaate, jonka Jumala ilmoitti profeetta Joseph Smithille: Pidättäydymme huumeiden, alkoholin, tupakan, kahvin ja teen sekä muiden haitallisten aineiden käytöstä. Pyrimme nauttimaan terveellistä ravintoa, pitämään huolta ruumiin fyysisestä kunnosta riittävän levon ja monipuolisen liikunnan avulla. Näin ruumiimme voi ennen kaikkea pysyä puhtaana ottamaan vastaan ohjausta ja rukousvastauksia Jumalalta Pyhän Hengen kautta ja voimme pysyä fyysisesti terveempinä.

Jehovantodistajat

Havaitsimme, että tarvitaan uusi Raamatun käännös, joka auttaisi ihmisiä entistä paremmin "tulemaan totuuden täsmälliseen tuntemukseen", mikä on Jumalan tahto jokaisen ihmisen suhteen. Niinpä vuodesta 1950 lähtien aloitimme julkaista englannin kielellä osa kerrallaan nykykielistä Raamattua, Uuden maailman käännöstä. Se on käännetty uskollisesti ja täsmällisesti yli sadalle kielelle.

Suomen Helluntaikirkko

Suomen Helluntaiherätyksen piirissä toimivat seurakunnat jakaantuvat tällä hetkellä Suomen Helluntaikirkkoon kuuluviin yhdyskuntaseurakuntiin (n. 40) ja kirkkokuntaan kuulumattomiin yhdistystaustaisiin seurakuntiin (n. 200). Monissa yhdistystaustaisissa seurakunnissa siirtyminen uskonnollisiksi yhdyskunniksi on vielä kesken.

Helluntaiseurakuntien toiminnan painopisteinä ovat ihmisten tavoittaminen evankeliumilla niin kotimaassa kuin lähetyskentilläkin sekä uskoon tulleiden ohjaaminen kasteelle, paikallisseurakunnan jäsenyyteen ja Pyhällä Hengellä täyttymiseen.

Suomen Vapaakirkko

Vapaakirkollisuus arvostaa kaikkien kristittyjen yhteyttä ja haluaa toimia yhteistyössä ja rakentaa koko Kristuksen seurakuntaa maailmassa. Tässä mielessä olemme yksi kirkko muiden rinnalla. Ominaista vapaakirkollisuudelle on ollut yksilön omantunnonvapauden kunnioitus asioissa, joissa kristikunnan keskuudessa ei aina ole yksimielisyyttä saavutettu, mutta toisaalta henkilökohtaisen uskon korostus tavalla, jossa Jeesuksen asema syntisten Vapahtajana on luovuttamaton. Usko Vapahtajaan suo omakohtaisen suhteen taivaalliseen Isään ja siltä pohjalta vapauttaa antautumaan elämän koko kirjolle rohkeasti. Vapaakirkollisuus pyrkii olemaan teologisesti konservatiivi mutta samaan aikaan ilmaisemaan uskoa vapaasti ja joustavasti sen kulttuurin piirissä, jossa elämme.

Suomen Metodistikirkko

Tärkeintä metodistille on, että hänen elämässään näkyy Jeesuksen Kristuksen seuraaminen. J. Wesley korosti kristillisyyden ottamista *"täydestä"*. Siksi hän perusti *"seuroja"*, jotka jakautuivat *"luokkiin"*, pienryhmiin, joissa jäsenet toimivat yhdessä ja kasvattivat toisiaan. Tämä on perintömme, vaikkemme sitä ehkä ole täysin enää toteuttaneet. JW:llä ei ollut tarkoituksena muodostaa kirkkoa vaan kehittää olemassaolevaa kirkkoa.

Suomen Baptistikirkko

Henkilökohtainen usko Kristukseen, uskovien kaste ja uskovien seurakunta. Raamatun auktoriteetti. Uskonnonvapaus kaikille ihmisille korostuu. Baptistit painottavat kirkon ja valtion eroa, molemmilla on oma tehtävänsä. Suomen baptisteilla on oma uskontunnustus:

"Me uskomme, että meidän Herramme Jeesus Kristus itse apostoliensa kautta perusti ja asetti maan päälle pyhän seurakuntansa, jonka perustuksena on Jumalan iankaikkisesti pysyvä sana ja elävä usko Kristukseen. Me uskomme, että seurakunnan muodostavat maailmasta kutsutut, mielenmuutokseen ja kääntymykseen tulleet, uskovana kastetut ihmiset, joilla on yksi Herra, yksi usko, yksi kaste. Me uskomme yhteen Jumalaan, kaiken Isään ja Luojaan, ja Hänen Poikaansa, Jeesukseen Kristukseen, meidän Vapahtajaamme ja Pyhään Henkeen, meidän Puolustajaamme, sekä tunnustamme Jeesuksen Kristuksen seurakunnan ainoaksi pääksi ja paimeneksi."

Pidämme myös Apostolista uskontunnustusta tärkeänä, vaikka se ei ole virallinen uskontunnustuksemme. Tunnustus on käytössä baptisteilla laajasti ympäri maailmaa:

"Minä uskon Jumalaan, Isään, Kaikkivaltiaaseen, taivaan ja maan Luojaan, ja Jeesukseen Kristukseen, Jumalan ainoaan Poikaan, meidän Herraamme, joka sikisi Pyhästä Hengestä, syntyi neitsyt Mariasta, kärsi Pontius Pilatuksen aikana, ristiinnaulittiin, kuoli ja haudattiin, astui alas tuonelaan, nousi kolmantena päivänä kuolleista, astui ylös taivaisiin, istuu Jumalan, Isän, Kaikkivaltiaan, oikealla puolella ja on sieltä tuleva tuomitsemaan eläviä ja kuolleita, ja Pyhään Henkeen, pyhän yhteisen seurakunnan, pyhäin yhteyden, syntien anteeksiantamisen, ruumiin ylösnousemisen ja iankaikkisen elämän."

Pelastusarmeija

Kristillinen Lähetys kävi sotaa ihmisen ja yhteiskunnan pahuutta vastaan. Pelastussodan innoittamana omaksuttiin armeijakielestä lainattuja sanoja. Kerran Lähetyksen vuosiraporttia laatiessaan William Booth luonnehti järjestöä *"vapaaehtoisten armeijaksi"*. Hänen poikansa Bramwell moitti vapaaehtoinen -sanaa, ja niinpä William kirjoitti *"vapaaehtoisten"* tilalle *"pelastus"* – Pelastusarmeija oli syntynyt!

Suomen Adventtikirkko

Kristillisen uskon keskeisissä kysymyksissä adventistit yleensä ovat samoilla linjoilla suomalaisen herätys-kristillisyyden tai muiden vapaiden kirkkojen kanssa. On myös muita kristillisiä yhteisöjä, jotka adventistien tavoin viettävät sapattia (esim. messiaaniset juuta-laiset, seitsemännen päivän baptistit, seitsemännen päivän helluntailaiset jne.). Ehkä poikkeuksellisempaa on terveellisten elämäntapojen opettaminen tai jonkun kirkon opetuksen yksityiskohdat. Monet pitävät kirkon tuomiokäsitystä uniikkina.

Suomen evankelis-luterilainen kirkko

Visio: Vuonna 2015 jäsenet näkevät kirkkonsa arvon ja kuulevat siellä Jumalan äänen. Kirkkoon tullaan löytä-mään vastauksia elämän suuriin kysymyksiin ja sieltä lähdetään palvelemaan Jumalan maailmaa. evl.fi

Mitkä seikat ovat vain teidän kirkollenne ominaisia?

Suomen Anglikaaninen kirkko

Anglikaanisuuden perinnettä on vahva ajatus rukouksen ja opin ykseydestä. Liturgia kertoo sen mihin kirkko uskoo.

Suomen ortodoksinen kirkko

Ortodoksinen Kirkko on yksi, pyhä, apostolinen, katolinen ja oikeauskoinen. Ortodoksisen kirkon juuret ovat alkukirkossa.

Katolinen kirkko

Kristuksen ainoa kirkko, joka on perustettu ja järjestetty tähän maailmaan yhteisöksi on (subsistit in) katolisessa kirkossa. Sitä johtavat Pietarin seuraaja ja piispat, jotka ovat yhteydessä hänen kanssaan. Vain tämän kirkon kautta voidaan saavuttaa pelastusvälineiden täyteys. Sillä vain apostolien kollegiolle, jonka pää on Pietari, on Herra uskonut kaikki uuden liiton hyvyydet.

KÄSITYKSENNE JUMALASTA

Millainen Jumala on?

Tämä on helppo kysymys. Jumalastahan kirkot puhuvat päivittäin tai ainakin viikoittain ihmisille. Vastaus on varmasti valmiina.

Myöhempien Aikojen Pyhien Jeesuksen Kristuksen Kirkko

Isä Jumala on meidän kaikkien rakastava taivaallinen Isämme. Hän on kaikkivaltias täydellinen olento, joka ei koskaan muutu. Hän huolehtii meistä kuten Isä lapsistaan. Hän ei voi suvaita syntiä vähimmässäkään, mutta on hyvin armollinen ja anteeksiantavainen niille, jotka pyrkivät tekemään parannuksen ja pitämään Hänen käskynsä. Hänellä on kirkastettu liha- ja luuruumis, yhtä käsin kosketeltava kuin ihmisellä. Meidät on luotu Hänen kuvakseen ja kaltaisekseen. Hänellä on Poika Jeesus Kristus, joka on Isän ainosyntyinen lihassa, meidän Vapahtajamme, ja jolla myös on kirkastettu liha- ja luuruumis. Pyhällä Hengellä ei ole liha- ja luuruumista vaan hän on henkipersoona. Ellei niin olisi, Pyhä Henki ei voisi asua meissä.

Jehovantodistajat

On olemassa vain yksi tosi Jumala, ja hänen nimensä on Jehova. Hän on henki, joten emme voi nähdä häntä. Hän rakastaa meitä ja haluaa meidän ilmaisevan vastarakkautta häntä kohtaan. Lisäksi hän haluaa meidän rakastavan toisia ihmisiä. Hän on Korkein ja kaiken Luoja.

Suomen Helluntaikirkko

Uskomme, että Raamatun ilmoittama kristinusko on uskoa yhteen Jumalaan, joka toimii ja ilmoittaa itsensä kolmessa persoonassa. Pidämme tärkeänä, että kolminaisuusopin perustana on usko yhteen jakamattomaan

Jumalaan. Raamatun ilmoittaman Jumalan rinnalla ei ole olemassa muita jumalia, eikä Jumalan kolminaisuus merkitse kolmea jumalaa. Sekä Vanha että Uusi testamentti julistavat uskoa yhteen Jumalaan. "Kuule, Israel! Herra on meidän Jumalamme, Herra yksin. On vain yksi ainoa Jumala…meillä on vain yksi Jumala, Isä. Hänestä on kaikki lähtöisin, ja hänen luokseen olemme matkalla."

Uskomme, että meidän Jumalamme on Isä ja Poika ja Pyhä Henki. Raamattu puhuu yhden Jumalan kolmesta eri persoonasta. "Minä käännyn Isän puoleen, ja hän antaa teille toisen puolustajan, joka on kanssanne ikuisesti." Uskomme, että Jumalan kolme persoonaa ovat toisistaan erottamattomia ja toisiinsa sekoittumattomia, yhtäläisiä jumaluudessaan, voimassaan ja kunniassaan.

Suomen Vapaakirkko

Jumalaan voi tutustua parhaiten Uuden testamentin evankeliumeiden kautta, jotka kertovat Jeesuksesta. Jeesus itse totesi, että "joka on nähnyt minut, on nähnyt Isän". Apostoli Johannes kirjoittaa Jeesuksen olleen alussa Jumalan luona ja olevan Jumala, ja että hän "tuli ihmiseksi ja asui keskellämme". Jeesus on Jumalan Poika, joka ilmoitti ihmisille, millainen Jumala on.

Koska Jumala on kaiken olevaisen Luoja ja sen ulkopuolella, koska Hän on Henki ja aivan omassa kategoriassaan, ei meillä ihmisillä olisi mahdollisuutta tuntea Hänen ominaisuuksiaan saatikka Häntä itseään ilman Hänen omaa ilmoitusta itsestään. Ilmoitus on annettu ennen kaikkea Jeesuksen, Jumalan Pojan kautta.

Hänessä ja hänen kauttaan voimme oppia tuntemaan Jumalaa.

Suomen Metodistikirkko

Hyvä. Metodistit tunnustavat uskoa kolmiyhteiseen Jumalaan, joka on Isä ja Poika ja Pyhä Henki. Jumala on yksi, mutta hän on ilmoittanut itsensä kolmessa persoonassa. Hyväksymme klassiset uskontunnustukset ja niiden esittämän jumalakuvan.

Suomen Baptistikirkko

Yksi, Kolmiyhteinen Jumala, joka on Isä ja Poika ja Pyhä Henki. Jumala on yksi ja jakamaton. Jumalalla on kolme persoona, mutta yksi olemus. Isä on Jumala, Jeesus Kristus on Jumala ja Pyhä Henki on Jumala. Hän on luoja ja rakastava Jumala.

Pelastusarmeija

Me uskomme, että on olemassa ainoastaan yksi Jumala, joka on aivan täydellinen, kaiken luoja, ylläpitäjä ja hallitsija ja johon ainoaan uskonnollisen palvonnan tulee kohdistua.

Suomen Adventtikirkko

Uskomme yhteen Jumalaan, jossa on kolme persoonaa: Isä, Poika ja Pyhä Henki. Kolminaisuus on salaisuus, jonka ymmärtämisessä olemme Raamatun varassa. Jumala on kaikkivaltias, kaikkialla läsnä oleva ja kaikkitietävä, mutta ennen muuta Jumala on rakkaus ja hän on armollinen isä. Jumaluutta ole tarkoituskaan pystyä tyhjentävästi selittämään mutta hänen voimansa on elämässä koettavissa.

Suomen evankelis-luterilainen kirkko

Meillä on vain yksi Jumala, Isä. Hänestä on kaikki lähtöisin, ja hänen luokseen olemme matkalla. Meillä on vain yksi Herra, Jeesus Kristus. Hänen välityksellään on kaikki luotu, niin myös meidät.

Isä meidän, joka olet taivaassa. Mitä se merkitsee? Vastaus: Jumala tahtoo näin rohkaista meitä uskomaan, että hän on oikea Isämme ja me hänen oikeita lapsiaan, niin että voisimme häntä pelottomasti ja täysin luottavaisesti rukoilla niin kuin rakkaat lapset rakasta isäänsä. Luther Katekismus. evl.fi

On olemassa yksi ainoa jumalallinen olemus, jota kutsutaan Jumalaksi ja joka on Jumala, ikuinen, näkymätön, jakamaton, ääretön voimassaan, viisaudessaan ja hyvyydessään, kaiken näkyvän ja näkymättömän luoja ja ylläpitäjä. Kuitenkin on olemassa kolme persoonaa, joilla on sama olemus ja valta ja jotka ovat yhtä ikuisia, Isä, Poika ja Pyhä Henki. Käytämme tässä sanaa persoona samassa merkityksessä kuin vanhan kirkon opettajat; se tarkoittaa sellaista, mikä ei ole toisen osa eikä ominaisuus, vaan on olemassa itsenäisesti. Augsburgin tunnustus. evl.fi

Me palvomme yhtä Jumalaa, joka on kolminainen, ja kolminaisuutta, joka on yksi Jumala, persoonia toisiinsa sekoittamatta ja jumalallista olemusta hajottamatta.

Isällä on oma persoonansa, Pojalla oma ja Pyhällä Hengellä oma, mutta Isän ja Pojan ja Pyhän Hengen jumaluus on yksi, yhtäläinen on heidän kunniansa ja yhtä ikuinen heidän majesteettisuutensa.

Sellainen kuin on Isä, sellainen on myös Poika ja Pyhä Henki: Isä on luomaton, Poika on luomaton ja Pyhä Henki on luomaton. Isä on ääretön, Poika on ääretön ja Pyhä Henki on ääretön.

Isä on ikuinen, Poika on ikuinen ja Pyhä Henki on ikuinen, eikä kuitenkaan ole kolmea ikuista, vaan yksi ikuinen, niin kuin ei myöskään ole kolmea luomatonta eikä kolmea ääretöntä, vaan yksi luomaton ja yksi ääretön.

Samoin on Isä kaikkivaltias, Poika kaikkivaltias ja Pyhä Henki kaikkivaltias, eikä kuitenkaan ole kolmea kaikkivaltiasta, vaan yksi kaikkivaltias.

Samoin Isä on Jumala, Poika on Jumala ja Pyhä Henki on Jumala, eikä kuitenkaan ole kolmea Jumalaa, vaan yksi Jumala. Samoin Isä on Herra, Poika on Herra ja Pyhä Henki on Herra, eikä kuitenkaan ole kolmea Herraa, vaan yksi Herra.

Niin kuin kristillinen totuus vaatii meitä tunnustamaan kunkin persoonan erikseen Jumalaksi ja Herraksi, samoin yhteinen kristillinen usko kieltää meitä puhumasta kolmesta Jumalasta tai Herrasta.

Isää ei kukaan ole tehnyt, luonut eikä synnyttänyt. Poika on yksin Isästä, häntä ei ole tehty eikä luotu, vaan hän on syntynyt.

Pyhä Henki on lähtöisin Isästä ja Pojasta, häntä ei ole tehty eikä luotu eikä hän ole syntynyt, vaan hän lähtee. Isä on siis yksi, ei ole kolmea Isää, Poika on yksi, ei ole kolmea Poikaa, Pyhä Henki on yksi, ei ole kolmea Pyhää Henkeä.

Tässä kolminaisuudessa ei ole mitään aikaisempaa eikä myöhempää, ei mitään suurempaa eikä pienempää, vaan kaikki kolme persoonaa ovat yhtä ikuisia ja keskenään samanarvoisia, näin on siis palvottava niin kuin on sanottu - kolminaisuutta joka on yksi, ja ykseyttä joka on kolminaisuus. Athanasioksen tunnustus. evl.fi

Suomen Anglikaaninen kirkko

Jumala on Kolmiyhteinen, Isä, Poika, ja Pyhä Henki. Hän on rakastava Isä, joka tuli Pojassaan maailman sovittamaan itsensä ihmisten kanssa. Hän on lähettänyt meille Hengen, joka toimii kirkossa johtaen meitä häntä kohti.

Suomen ortodoksinen kirkko

Ortodoksisessa kirkossa palvellaan jumalanpalveluksissa Pyhää Kolminaisuutta: Isää, Poikaa ja Pyhää Henkeä - yhtä Jumalaa.

Katolinen kirkko

Jumala on kaiken näkyvän ja näkymättömän Luoja, itse olemassaolo, täydellisen hyvä, kaikkivaltias. Jumala on ollut aina, jo ennen aikojen alkua, eikä koskaan lakkaa olemasta. Jumala on yhtä olemusta, mutta kolme eri persoonaa: Isä, Poika ja Pyhä Henki.

Vastaako Jumala rukouksiin?

Tietenkin Jumala vastaa jos kerran toistuvasti rukoillaan. Silti on hyvä kuulla vastaus kysymykseen asiantuntevasta lähteestä.

Myöhempien Aikojen Pyhien Jeesuksen Kristuksen Kirkko

Kyllä vastaa.

Jehovantodistajat

Jumala vastaa rukouksiin. Sekä Raamattu että tosielämän kokemukset todistavat tämän. Raamatussa sanotaan Jumalasta: *"Hän täyttää häntä pelkäävien halun ja kuulee heidän avunhuutonsa, ja hän pelastaa heidät."* Se, vastaako Jumala sinun rukouksiisi, riippuu kuitenkin pitkälti sinusta itsestäsi.

Suomen Helluntaikirkko

Kyllä. Vastaus on rukouksen mukainen silloin, kun rukous on ollut Jumalan tahdon mukainen. Jos pyydämme jotakin, mitä Jumala viisaudessaan ja rakkaudessaan katsoo hyväksi olla meille antamatta, Jumalan antama vastaus poikkeaa pyydetystä.

Suomen Vapaakirkko

Jumalan kanssa voi olla vuorovaikutuksessa. Keskeiset välineet tähän ovat hänen kuuntelemisensa Raamatun kautta ja hänelle puhuminen rukouksen kautta. Pyhä Henki vaikuttaa kristityssä ja mahdollistaa ja auttaa yhteydessä Jumalan kanssa. Jumala on ilmoittanut itsensä Raamatussa sellaisena, joka kuulee rukoukset ja jolta voimme uskossa odottaa myös vastauksia pyyntöihin.

Suomen Metodistikirkko

Kyllä.

Suomen Baptistikirkko

Hän vastaa oman tahtonsa mukaan.

Pelastusarmeija

Kyllä.

Suomen Adventtikirkko

Kyllä.

Suomen evankelis-luterilainen kirkko

Meitä pitäisi sitä paitsi houkutella ja vetää rukoukseen vielä senkin, että Jumalan käskyn ja lupauksen lisäksi ehättää avuksemme antamalla valmiin sanamuodonkin. Hän panee suuhumme sanat, joista tiedämme, miten ja mitä meidän tulee rukoilla. Niistä me ymmärrämme, että hän on ottanut tarpeemme sydämenasiakseen eikä meidän koskaan tarvitse epäillä sitä, ovatko tällaiset rukoukset hänelle otollisia ja kuuleeko hän ne varmasti. Luther Iso Katekismus.

Suomen Anglikaaninen kirkko

Vastaa.

Suomen ortodoksinen kirkko

Kyllä.

Katolinen kirkko

Kyllä vastaa. Ihminen on aina rukoillut Jumalaa, kiittänyt häntä ja pyytänyt hänen apuaan.

Miten rukousvastaus ilmenee?

Kirkko, Jumalan virallisena edustajana, osaa vastata siihen miten rukousvastaus ilmenee. Tämä täytyy saada tietää koska miten muuten ihminen osaa erottaa Jumalan vastaukset muusta maailman hälystä.

Myöhempien Aikojen Pyhien Jeesuksen Kristuksen Kirkko

Jumala puhuu meille meidän mielessämme ja sydämessämme Pyhän Hengen kautta, joka tulee meidän yllemme ja joka asuu meidän sydämessämme (ks. Oppi ja liitot 8:2). Edelleen Jumala neuvoo meille, ettei meidän pidä kuvitella Hänen antavan meille vastauksia ilman omaa harkintaamme. Sen sijaan meidän täytyy tutkia asiaa tarkoin mielessämme, sitten kysyä Jumalalta, onko se oikein, ja jos se on oikein, Jumala saattaa sydämemme palamaan sisällämme. Siten tunnemme, että se on oikein. Mutta ellei se ole oikein, meillä ei ole mitään sellaisia tunteita, vaan ajatuksemme hämärtyvät niin että unohdamme sen, mikä on väärin. (Ks. Oppi ja liitot 9:7–9.)

Jehovantodistajat

Jehovantodistajat eivät vastaa kysymykseen.

Suomen Helluntaikirkko

Rukousvastaukset ilmenevät hyvin monimuotoisesti. Joskus omat tai toisten olosuhteet ja elämäntilanteet muuttuvat rukousten mukaisiksi. Joskus vastaus on sisäinen varmuus valittavasta vaihtoehdosta. Joskus vastauksena on läheisempi Jumalasuhde sekä Jumalan muuttava työ rukoilijan omissa asenteissa, käyttäytymisessä ja toimintatavoissa. Jumala vastaa rukouksiin omalla tavallaan ja aikataulullaan.

Suomen Vapaakirkko

Rukous on vuorovaikutusta ja sellaisenaan palkitsevaa, kun opimme tuntemaan Jumalaa ja saamme itse samalla muuttua hänen tahdossaan. Rukoileminen ei siis ensisijaisesti ole vain anomista ja pyytämistä, vaan yhteyttä ja keskinäistä tuntemista. Sinänsä rukousvastausten sisältö on moninainen ja kirjava, vaikkapa työpaikan saaminen vastauksena rukoukseen tai toipuminen sairaudesta tai toisaalta kokemus omien asenteiden tai ajatusten muuttumisesta rukouksen seurauksena.

Suomen Metodistikirkko

Asiana tai johdatuksena.

Suomen Baptistikirkko

Eri tavoin. Jumalaa ei voi käskeä.

Pelastusarmeija

Pelastusarmeija ei vastaa kysymykseen.

Suomen Adventtikirkko

Jumala ei ole makeisautomaatti, joka oikeiden taikasanojen avulla saataisiin aina antamaan samalla tavalla tuleva vastaus. Hän on rakastava isä, joka kuulee ja auttaa lastaan yhtä moninaisin tavoin kuin vanhemmat lapsiaan. Joskus vastaukset tulevat välittömästi, toisella kertaa vastauksen voi nähdä vasta pitemmän ajan kuluttua.

Suomen evankelis-luterilainen kirkko

Mutta niille, jotka pitävät Jumalan tahdon ja käskyt silmissään, kuuluu lupaus. Kaikki, minkä he käyttävät maallisten ja hengellisten isiensä hyväksi, korvataan heille runsaasti ei leivällä, vaatetuksella ja rahalla vuodeksi tai pariksi, vaan pitkällä iällä, elatuksella ja rauhalla sekä ikuisella rikkaudella ja autuudella.
Luther: Iso Katekismus.

Suomen Anglikaaninen kirkko

Vastaus ei ole aina odottamamme kaltainen tai voi tapahtua yllättävällä tavalla.

Suomen ortodoksinen kirkko

Erinäisin tavoin. Myös ihmeitä tapahtuu.

Katolinen kirkko

Jumala vastaa ihmisen rukouksiin, mutta ei aina sillä tavalla, että ihminen sen huomaisi tai että hän ymmärtäisi sen rakkauden täyttämää merkitystä.

Onko Jumalan toiminnalla tarkoitus?

Jumalan edustaja osaa varmasti tästäkin jotain sanoa. Olisi kiinnostavaa tietää millaisia suunnitelmia Jumalalla on ihmiskunnan varalle.

Myöhempien Aikojen Pyhien Jeesuksen Kristuksen Kirkko

Kyllä, Hänen toimintansa tarkoituksena on ihmisen kuolemattomuuden ja iankaikkisen elämän toteuttaminen.

Jehovantodistajat

Jehova antoi maapallon meidän ihmisten kodiksi. Ensimmäisiä ihmisiä Aadamia ja Eevaa ei siis luotu siksi, että he asuttaisivat taivaat, sillä Jumala oli jo luonut enkelit elämään taivaassa. Sen sijaan Jumala asetti ensimmäisen ihmisen ihastuttavaan paratiisiin, Eedenin puutarhaan. Jehova antoi hänelle ja hänen tuleville jälkeläisilleen odotteen elää loputtomasti maan päällä.

Suomen Helluntaikirkko

Jumalan toiminnan päätarkoitus on auttaa jokainen ihminen läheiseen suhteeseen Jumalan kanssa. Tämä tarkoitus näkyy kirkkaasti Jeesuksen sovitus- ja lunastustyössä. Ristinkuolemallaan Jeesus sovitti meidän syntimme ja avasi jokaiselle Jeesukseen uskovalle mahdollisuuden saada syntinsä anteeksi ja päästä yhteyteen Jumalan kanssa.

Suomen Vapaakirkko

Jumalalla on suunnitelma ja tahto luomaansa maailmaa varten. Tätä suunnitelmaa hän toteuttaa ja se varmasti tapahtuu. Sen täyttymys on uudessa maailmassa, jossa vallitsee kaikinpuolinen hyvinvointi ja rauha Jumalan alaisuudessa, ja jossa häntä kunnioitetaan ja kiitetään Luojana ja kaiken Hallitsijana. Tätä krisittyinä rukoilemme sanoessamme "tulkoon sinun valtakuntasi ja tapahtukoon tahtosi myös maan päällä niin kuin taivaassa".

Suomen Metodistikirkko

Kyllä. Sen päämääränä on ihmisten pelastuminen – sekä tässä ajassa että iankaikkisuudessa.

Suomen Baptistikirkko

Hän on maailman luoja ja ylläpitäjä, jolla on oma tahto ja tarkoitus. Jumala on rakkaus. Rakkaus ilmenee Kristuksen sovitustyössä kun Hän sovitti maailman synnin.

Pelastusarmeija

Pelastusarmeija ei vastaa kysymykseen.

Suomen Adventtikirkko

Adventistisessa teologiassa ajatus suuresta taistelusta Jumalan ja synnin tai paholaisen välillä on keskeinen. Synti tuhoaa elämää ja ihmisten onnea, mutta Jumala rakkaudessaan ja armossaan haluaa armahtaa, pelastaa ja uudestisynnyttää ihmisen ikuiseen elämään. Kaiken Jumalan toiminnan tarkoitus on pelastaa niin moni kuin mahdollista.

Suomen evankelis-luterilainen kirkko

Kirkko ei vastaa ysymykseen.

Suomen Anglikaaninen kirkko

On. Jumala ohjaa ihmisen ja kansojen kohtaloita. Hänen toimintansa tarkoitus on aina ihmisen pelastuminen.

Suomen ortodoksinen kirkko

Ortodoksisen uskon mukaan ihminen ja koko maailmankaikkeus eivät ole syntyneet sattumalta, vaan Isä Jumalan luomistyön tuloksena. Luomiskertomuksessa kerrotaan, että Jumala loi kaiken. Jumala loi sekä näkyvän että näkymättömän maailman. Näkyvään maailmaan kuuluvat luonto, eläimet, ihmiset ja näkymättömään hyvät ja pahat henkivallat. Jumalan luomistyö ei kuitenkaan päättynyt kuuteen päivään, vaan hän luo jatkuvasti uutta ihmisten työn kautta. Lisäksi Hän ylläpitää maailmaa voimallaan.

Katolinen kirkko

On. Jumala toimii ylläpitääkseen kaikkea luomaansa ja tarjoamalla ihmisille, joilla on vapaa tahto, etsiä ja löytää hänen tahtonsa ja noudattaa sitä.

Antaako Jumala ohjausta ihmisille tänä päivänä?

Tämä tärkeä asia tietää. Raamatusta voimme lukea monista profeetoista, joiden kautta Jumala puhui ihmisille. Miten on nykyisin? Olisiko Jumala hylänyt ihmiset oman onnensa nojaan?

Myöhempien Aikojen Pyhien Jeesuksen Kristuksen Kirkko

Kyllä.

Jehovantodistajat

Jumala antaa ihmisille ohjausta tänä päivänä Raamatun välityksellä.

Suomen Helluntaikirkko

Kyllä. Hän ohjaa ihmisiä Raamatun ilmoituksen, Pyhän Hengen monimuotoisen puheen ja olosuhteiden kautta.

Suomen Vapaakirkko

Viittaan aikaisempaan ajatukseen rukoukseen liittyen. Jumala kohtelee omiaan kuin vanhemmat lapsiaan. Hän kasvattaa ja ohjaa. Hänen johdatuksensa ja ohjauksensa eivät tee ihmisen valintoja ja tekoja turhiksi, vaan kuten me ihmisetkin toivomme lastemme kasvavan aikuisiksi ja kasvatuksemme valossa tekevän omaehtoisia hyviä valintoja, samoin Jumalakin kasvattaa lapsiaan. Toisinaan toki hän voi antaa vaikka kuinka yksityiskohtaista ohjausta eri elämäntilanteisiin, kun sitä häneltä pyydetään.

Antaako Jumala ohjausta ihmisille tänä päivänä?

Suomen Metodistikirkko

Kyllä.

Suomen Baptistikirkko

Jumala ohjaa Raamatun ja ihmisen järjen kautta. Jumalalla on suunnitelma ihmistä varten ja se löytyy Kristuksen kautta.

Pelastusarmeija

Pelastusarmeija ei vastaa kysymykseen.

Suomen Adventtikirkko

Kyllä.

Suomen evankelis-luterilainen kirkko

Kirkko ei vastaa kysymykseen.

Suomen Anglikaaninen kirkko

Antaa. Hän toimii sanansa ja sakramenttiensa kautta. Pyhässä Hengessä hän on läsnä luomakunnassaan ja voimme oppia tuntemaan hänet sen kautta.

Suomen ortodoksinen kirkko

Kyllä.

Katolinen kirkko

Jumalan ilmoitus on päättynyt Jeesuksen maallisen elämän päättyessä. Sen sijaan hän jätti Pyhän Hengen ohjaamaan ja pitämään huolta kirkostaan, jonka opetusviran tehtävä nimenomaan on ohjata ihmisiä uskomaan ja elämään Jumalan tahdon mukaan, jotta he lopulta voisivat saavuttaa iankaikkisen autuuden Jumalan luona taivaassa.

Miten Jumalan ohjaus ilmenee?

Tietenkin siitä on kerrottu kirkon jäsenille mutta tämä on yleisestikin kiinnostava asia.

Myöhempien Aikojen Pyhien Jeesuksen Kristuksen Kirkko

Jumala ohjaa kaikkia lapsiaan henkilökohtaisesti omantunnon ja Pyhän Hengen vaikutuksen ja -lahjan avulla mm. vastaamalla heidän rukouksiinsa. Hän ohjaa koko ihmiskuntaa elävän profeetan kautta. Lisäksi Jumala ohjaa valtioiden johtajia heidän hyvissä ja vilpittömissä pyrkimyksissään sekä kaikkia ihmisiä, jotka pyrkivät tekemään Hänen tahtonsa.

Jehovantodistajat

Jehovantodistajat eivät vastaa kysymykseen.

Suomen Helluntaikirkko

Jumalan ohjaus voi ilmetä selkeinä Raamatun ohjeina

tai periaatteina, Pyhän Hengen antamina ajatuksina tai
vaikutelmina, armolahjojen välityksellä sekä kielteisten
tai myönteisten olosuhteiden kautta.

Suomen Vapaakirkko

Jumalan ohjaus on ennen kaikkea ihmisen koko-
naisvaltaista muuttumista sisäisesti, kun opimme
Jumalaa tuntemaan Raamatun opetusten ja sanan
kautta, yhdessä toisten kanssa seurakunnan ja elämän
puitteissa. Opimme tuntemaan Jumalan tahdon ja
tekemään valintojamme sen valossa. Tällaisen koko-
naisvaltaisen ohjauksen lisäksi Jumala voi halutessaan
puhua ihmiselle jostakin asiasta tavoilla, joita hän on
aina käyttänyt, kuten eri ihmisten neuvojen kautta,
Pyhän Hengen vaikuttamien erityisten lahjojen kautta,
puhumalla olosuhteiden kautta jne.

Suomen Metodistikirkko

Jokapäiväisessä elämässä. Jumalan sanasta (raama-
tusta) saamme ohjeet elämään. Uskomme myös
Jumalan Pyhän Hengen ohjaukseen, kuitenkin Sanan
perustalta.

Suomen Baptistikirkko

Moraalisissa ja eettisissä valinnoissa. Kymmenen käs-
kyä ohjenuorana.

Pelastusarmeija

Pelastusarmeija ei vastaa kysymykseen.

Suomen Adventtikirkko

Jumalan johdatuksen edellytyksenä on luottamus Jumalaan ja Jumalalle antautuminen. Jos ihminen haluaa tehdä, mikä on oikein (=Jumalan tahdon mukaan), hän voi löytää Jumalan ohjauksen vastauksena rukoukseen, Raamatun neuvoista tai käytännön elämässä tapahtuneista asioista, joissa ihminen kokee Jumalan avanneen tai sulkeneen mahdollisuuksia.

Suomen evankelis-luterilainen kirkko

Kirkko ei vastaa kysymykseen.

Suomen Anglikaaninen kirkko

Ohjaus ilmenee monella tavalla, ja usein sen huomaa vasta jälkikäteen. Kohtalouskoa meillä ei ole; eli voimme omalla toiminnallamme vaikuttaa elämäämme, ja Jumala antaa eteemme mahdollisuuksia.

Suomen ortodoksinen kirkko

Erinäisin tavoin. Ortodoksinen kirkko korostaa myös ihmisen omaa vapaata tahtoa.

Katolinen kirkko

Kirkon opetusviran kautta. Joskus Jumala voi tehdä ihmeitä, joiden aitouden kirkko huolellisesti tutkii.

KÄSITYKSENNE IHMISESTÄ

Onko ihmisellä maallista elämää aikaisempi olemassa olo?

Kristinuskossa puhutaan elämän jatkumisesta kuoleman jälkeen. Looginen kysymys on, että onko elämää ollut jo ennen syntymää.

Myöhempien Aikojen Pyhien Jeesuksen Kristuksen Kirkko

Kyllä, ennen tätä elämää me kaikki synnyimme taivaallisen Isämme henkilapsiksi. Aikaisemmassa olemassaolossa me opimme monia asioita, kykenimme tekemään erilaisia valintoja ja valmistauduimme saapumaan kuolevaisuuteen maan päälle.

Jehovantodistajat

Ei ole.

Suomen Helluntaikirkko

Ei ole.

Suomen Vapaakirkko

Ei ole. Elämämme ja olemassaolomme alkoi äitimme kohdussa ja synnyttyämme tähän maailmaan.

Suomen Metodistikirkko

Ei.

Suomen Baptistikirkko

Onko ihmisellä maallista elämää
aikaisempi olemassa olo?

Ei ole. Ihminen luotiin maan tomusta.

Pelastusarmeija

Pelastusarmeija ei vastaa kysymykseen.

Suomen Adventtikirkko

Ei.

Suomen evankelis-luterilainen kirkko

Kirkko ei vastaa kysymykseen.

Suomen Anglikaaninen kirkko

Käsityksemme mukaan ei ole.

Suomen ortodoksinen kirkko

Ei ole.

Katolinen kirkko

Ei ole.

Mikä on ihmisen elämän tarkoitus?

Tätä varmaankin jokainen miettii joskus. Miksi olen
olemassa? Onko minun elämälläni tarkoitus? Joku on
sanonut, että elämä on biologinen prosessi eikä mitään
muuta. Riittääkö tuo selitykseksi? Kirkolla pitäisi olla
ajatuksia tästä asiasta.

Myöhempien Aikojen Pyhien Jeesuksen Kristuksen Kirkko

Elämän tarkoituksena on se, että ihminen oppii seuraamaan Jumalan tahtoa, saa fyysisen ruumiin ja monia kokemuksia oppiakseen erottamaan hyvän pahasta niin että hän voisi lopulta olla valmis ja kykenevä palaamaan takaisin taivaallisen Isänsä luo. Ihmiset ovat myös, jotta heillä voisi olla ilo. Jumala on antanut meille kanssaihmisiä, jotka tuovat elämäämme iloa – erityisesti perheemme. Perheen perustaminen on yksi tämän elämän suurimmista ja tärkeimmistä tavoitteistamme.

Jumala on luonut kauniin maailman, joka rikastuttaa elämäämme monilla ihmeellisillä luonnonilmiöillä.

Lisäksi: *"jokainen älyn periaate, jonka me saavutamme tässä elämässä, nousee meidän kanssamme ylösnousemuksessa. Ja jos ihminen hankkii tässä elämässä ahkeroimisellaan ja kuulaisuudellaan tietoa ja älyä enemmän kuin toinen, hän on niin paljon paremmassa asemassa tulevassa maailmassa."*
(Oppi ja liitot 130:18–19.)

Jehovantodistajat

Elämän tarkoitus on rakentaa ystävyyssuhde Jumalaan.

Suomen Helluntaikirkko

Ihmisen elämän syvin tarkoitus on elää Jumalan yhteydessä ja toteuttaa hänen tahtoaan Jumalalta saatujen lahjojen mukaisesti. Elämän tarkoitukseen sisältyy myös toisten ihmisten rakastaminen ja palveleminen läheisissä ihmissuhteissa. Niin ikään työn tekeminen ja yhteiskunnallisen vastuun kantaminen ovat osa ihmisen elämän tarkoitusta.

Suomen Vapaakirkko

Ihmisen elämän tarkoitus on tuntea Jumala, kunnioittaa häntä rakastamalla häntä ja hänen nimessään lähimmäisiä, ja iloita Jumalasta ja hänen teoistaan.

Suomen Metodistikirkko

Iankaikkisuus. Elämässä kasvaminen Jumalan tahdon mukaisesti (pyhittyminen) ja tämän elämän jälkeen iankaikkinen elämä. Sen luonteeseen vaikuttaa ihmisen valinta.

Suomen Baptistikirkko

Oppia tuntemaan Jumala, elää Häntä ja lähimmäisiä palvellen.

Pelastusarmeija

Pelastusarmeija ei vastaa kysymykseen.

Suomen Adventtikirkko

Kasvaa Jumalan avulla armossa ja rakkaudessa.

Suomen evankelis-luterilainen kirkko

Kirkko ei vastaa kysymykseen.

Suomen Anglikaaninen kirkko

Etsiä Jumalaa. Rakastaa Jumalaa yli kaiken ja lähimmäistämme kuin itseämme.

Suomen ortodoksinen kirkko

Jumaloituminen (theosis) eli ihmisen kasvaminen kohti Jumalan kuvaa ja kaltaisuutta. Jeesuksen Kristuksen seuraaminen, Jumalan käskyjen täyttäminen.

Katolinen kirkko

Iankaikkinen elämä taivaassa

Onko ihmisellä vapaa tahto?

Lutherin käsityksen mukaan kaikki tapahtuu välttämättömyyden pakosta. Tämä saa ajattelemaan missä määrin ihmisellä olisi ratkaisun vapaus elämässään.

Myöhempien Aikojen Pyhien Jeesuksen Kristuksen Kirkko

Kyllä, se on yksi Jumalan suurimmista lahjoista ihmiselle, ja Jumala kunnioittaa sitä äärimmäisyyksiin asti. Tahdonvapauden avulla me voimme ennen kaikkea osoittaa Jumalalle, että me itse haluamme palvella Häntä. Joskus ihmiset kysyvät, miksi Jumala sallii maan päällä niin paljon kärsimystä ja pahaa. Yksi syy siihen on, että Hän on antanut meille tahdonvapauden. Toisaalta Hän myös pitää meitä vastuullisina tahdonvapautemme käytöstä sen tiedon ja ymmärryksen mukaan, joka meillä on.

Jehovantodistajat

Tahdonvapaus on kallisarvoinen lahja Jumalalta, sillä se mahdollistaa sen, että voimme rakastaa häntä "koko sydämellämme" -koska haluamme tehdä niin.

Suomen Helluntaikirkko

Kyllä. Jumala loi ihmisen vapaalla tahdolla varustettuna. Syntiinlankeemuksessa ihmisen luonto turmeltui. Jumala herättää evankeliumin sanan kautta ihmisen omantunnon ymmärtämään Jumalan pelastussuunnitelman. Ihminen voi vapaan tahtonsa mukaisesti joko vastaanottaa tai hylätä evankeliumin sanoman.

Suomen Vapaakirkko

Ihmisellä on vapaa tahto, joskin Jumalan ikuisuusnäkökulmasta ihmisten valinnat saattavat näyttää joskus rajatuilta. Ihminen on joka tapauksessa vastuussa valinnoistaan ja kantaa niiden seuraukset, joten tässä valossa hänellä on vapaa tahto. Hieman jännitteisesti voisi sanoa, että ihmisellä on vapaa tahto niissä puitteissa, joissa Jumala sen sallii.

Suomen Metodistikirkko

Kyllä. On siinä mielessä, että Jumalan armo (t.s. Jumala itse) muokkaa ihmistä. Puhumme "valmistavasta armosta" ja siitä, että ihminen Jumalaan uskovana on armon kasvattama. Omista lähtökohdistaan hän ei omista täysin vapaata tahtoa.

Suomen Baptistikirkko

Jumala kutsuu ensin, mutta ihmisellä on vapaa tahto kieltäytyä. Yleisen armon mukaan Kristus sovitti maailman syntivelan ja Hän kutsuu kaikkia ihmisiä pelastukseen.

Pelastusarmeija

Pelastusarmeija ei vastaa kysymykseen.

Suomen Adventtikirkko

Jos vapaalla tahdolla tarkoitetaan mahdollisuutta valita oikein tai muuttaa oman elämän suuntaa, vastaus on, että ihmisellä on rajoitetusti vapaa tahto. Parhaalla tahdollakaan ihminen ei pysty seuraamaan Jumalan tahtoa tai rakastamaan aina epäitsekkäästi lähimmäisiään, mutta ihminen voi, kun Jumala ihmistä kutsuu, valita tulla Jumalan lapseksi. *"Kaikille, jotka ottivat hänet vastaan, hän antoi oikeuden tulla Jumalan lapsiksi, kaikille, jotka uskovat häneen."* (Joh. 1:12)

Suomen evankelis-luterilainen kirkko

Kaikki se, mikä tapahtuu meidän puoleltamme, tapahtuu pelkän välttämättömyyden pakosta eikä vapaan ratkaisumme voimasta. Luther: Sidottu ratkaisuvalta s.52

Me tunnustamme että kaikilla ihmisillä on vapaa ratkaisuvalta, johon kuuluu järjellinen arvostelukyky, vaikkakaan sen varassa ei ilman Jumalan apua kyetä alkamaan eikä varmasti päättämään mitään, millä on merkitystä jumalasuhteessa, vaan se on voimassa ainoastaan tämän elämän toimissa, niin hyvissä kuin pahoissakin. Augsburgin tunnustus / XVIII

Suomen Anglikaaninen kirkko

Anglikaanisuudessa esiintyy molempia käsityksiä; sekä sitä, että ihmisen tahto on sidottu, mutta myös ajatus vapaasta tahdosta.

Suomen ortodoksinen kirkko

Kyllä.

Katolinen kirkko

Kyllä on.

Mitä pelastuminen tarkoittaa?

Uskonnossa usein puhutaan pelastumisesta. Mitä se tarkoittaa, siitä ei ole kovinkaan seikkaperäistä tietoa yleisesti tarjolla.

Myöhempien Aikojen Pyhien Jeesuksen Kristuksen Kirkko

Pelastumisella voidaan ymmärtää olevan useita merkityksiä.

Yksi tärkeimmistä on, että voimme palata asumaan sinne, missä Jumala ja Jeesus Kristus asuvat ja että voimme nauttia ikuisista perhesiteistä. Nämä tekee mahdolliseksi oikealla tavalla ja oikealla valtuudella temppeleissä solmittu avioliitto.

Pelastumisella voidaan tarkoittaa myös pelastumista fyysisestä ja hengellisestä kuolemasta. Kaikki ihmiset pelastuvat fyysisestä kuolemasta Jumalan armosta Jeesuksen Kristuksen kuoleman ja ylösnousemuksen kautta. Samoin Jumalan armosta jokainen ihminen voi pelastua myös hengellisestä kuolemasta uskomalla Jeesukseen Kristukseen.

Pelastumisella voidaan tarkoittaa myös sitä, että ihminen saa uskon Jeesukseen Kristukseen, tekee parannuksen, saa valtuudella suoritetun kasteen ja Pyhän Hengen lahjan ja hänet yhdistetään taivaaseen. Tämän jälkeen hän kilvoittelee pysyäkseen vahvana uskossa elämänsä loppuun asti.

Jehovantodistajat

Jehovantodistajat eivät vastaa.

Suomen Helluntaikirkko

Aadamin lankeemus veti Jumalan tuomion sekä hänen itsensä että hänestä polveutuneen ihmiskunnan ylle. Pelastuminen on vapautumista tästä tuomiosta.

Suomen Vapaakirkko

Jeesuksen sovitustyön, kuoleman ja ylösnousemuksen kautta syntinen ihminen pelastuu syntiensä aiheuttamasta Jumalan tuomiosta ja rangaistuksesta. Ilman Jeesusta, Pelastajaa, olisimme kaikki itse vastuussa synneistämme ja saisimme osaksemme ehdottoman oikeudenmukaisena tuomiona iankaikkisen eron Jumalasta, jota helvetiksi kutsutaan. Uskomalla Jeesukseen ihminen saa syntinsä anteeksi ja hänet armahdetaan Kristuksen tähden. Siten hän pelastuu tuomiosta ja rangaistuksesta. Ja mikä vielä enemmän: hänestä tulee Jumalan lapsi ja osallinen siihen maailmaan, jota synti ei enää tahraa ja kiusaa.

Suomen Metodistikirkko

Koko ihmisen pelastusta. Siis jo tässä ajassa tulemista Jumalan lapseksi, joka sitten myös perii iankaikkisen elämän, Taivaaseen pääseminen on siis vain yksi puoli pelastuksesta.

Suomen Baptistikirkko

Ikuinen elämä alkaa, kun ihminen on löytänyt sovinnon Jumalan kanssa. Meidät on jo nyt sovitettu ja kirkastettu Kristuksessa ja asetettu Jumalan eteen syyttöminä. Olemme siirtyneet kuolemasta elämään. Pelastus on myös prosessi ja meidän tulee kilvoitella ja pitää itsemme synnille kuolleina ja elää Jumalalle.

Pelastusarmeija

Pelastusarmeija ei vastaa.

Suomen Adventtikirkko

Pelastuminen tarkoittaa syntien anteeksisaamista, Jumalan armon vastaanottamista ja Jumalan ihmisessä tekemää ihmettä, jota kutsutaan uudestisyntymiseksi.

Suomen evankelis-luterilainen kirkko

Minulle on luvattu, että minä pelastun, että sieluni ja ruumiini saavat iankaikkisen elämän. Luther: Iso katekismus

Suomen Anglikaaninen kirkko

Pelastuminen tarkoittaa Jumalan luo pääsemistä, iankaikkista iloa taivaassa hänen kanssaan.

Suomen ortodoksinen kirkko

Jumalan kaltaisuuteen kasvaminen. Iankaikkinen elämä.

Katolinen kirkko

Pääsyä taivaaseen.

Millä edellytyksillä ihminen voi pelastua?

Jos pelastuminen kuulostaa houkuttelevalta ja tavoittelemisen arvoiselta niin luonnollisesti ihmistä kiinnostaa miten se olisi saavutettavissa.

Myöhempien Aikojen Pyhien Jeesuksen Kristuksen Kirkko

Jeesuksen Kristuksen sovituksen kautta, olemalla kuuliainen Jumalan laeille ja toimituksille. Katso myös edellinen vastaus.

Jehovantodistajat

Jehovantodistajat eivät vastaa kysymykseen.

Suomen Helluntaikirkko

Kristus sovitti ristillä koko maailman synnin. Kristuksen sovitustyö ja sen mahdollistama pelastus astuvat yksilön kohdalla voimaan, kun hän uskoo Jeesukseen syntiensä sovittajana ja ottaa vastaan Jumalan armon.

Suomen Vapaakirkko

Ihminen ei voi itse pelastaa itseään. Vain Jumala voi pelastaa ja sen hän teki Poikansa kautta. Kun asetamme luottamuksemme Jeesukseen, meistä tulee Jumalan lapsia ja Jumalan Henki tekee meistä uusia ihmisiä. Pelastumme uskon kautta Jeesukseen, Jumalan armosta.

Suomen Metodistikirkko

Vain ja yksin armosta. *"Omat valinnat"*, jos ne ovat myönteisiä, ovat Jumalan armon työtä. Kaste on meille annettu kristityn tuntomerkiksi. Se ei kuitenkaan ole ehdoton pelastuksen ehto.

Suomen Baptistikirkko

Uskon kautta Kirstukseen. Kun tunnustamme syntimme saamme anteeksiannon lahjana Jumalalta.

Millä edellytyksillä ihminen voi pelastua?

Pelastusarmeija

Me uskomme, että pelastettuna pysyminen riippuu jatkuvasta kuuliaisesta uskosta Kristukseen.

Suomen Adventtikirkko

Pelastus on Jumalan työ, joka perustuu Jeesuksen elämään ja erityisesti hänen kuolemaansa ristillä.

Suomen evankelis-luterilainen kirkko

Ihmisen pelastuminen tapahtuu yksin Jumalan armosta, ei tekojen kautta. Luther

Suomen Anglikaaninen kirkko

Ihminen luetaan vanhurskaaksi Jumalan edessä vain uskon ja Jeesuksen sovitustyön, ei omien tekojen ansiosta.

Suomen ortodoksinen kirkko

Jumalan armosta, uskosta ja hyvistä teoista.

Katolinen kirkko

Pelastus tapahtuu Jumalan armosta. Pelastuminen ei ole kiinni ihmisen omista teoista, olkoonkin, että pelastusta varmaankin tukee se, että ihminen on elämänsä aikana pyrkinyt toimimaan Jumalan tahdon ja käskyjen mukaan. Vastaavasti ihminen, joka ei ole koskaan kuullut ilosanomaa Kristuksesta eikä saanut kastetta, voi pelastua pyrkimällä elämässään hyvään ja välttämällä pahaa.

Tarvitaanko pelastumiseen uskoa?

Onko usko edellytyksenä pelastumiselle?

Myöhempien Aikojen Pyhien Jeesuksen Kristuksen Kirkko

Kyllä, usko on kaiken toiminnan liikkeelle paneva voima, se on hyvin tärkeää kaikessa, mitä teemme. Usko Jeesukseen Kristukseen saa meidät seuraamaan Hänen käskyjään, tekemään hyvää ja siunaamaan lähimmäisiämme. Usko Jeesukseen Kristukseen on evankeliumin ensimmäinen periaate. (Ks. myös Hepr. 12.)

Jehovantodistajat

Jehovantodistajat eivät vastaa kysymykseen.

Suomen Helluntaikirkko

Pelastus tapahtuu armosta uskon kautta Jeesukseen. Usko syntyy evankeliumin sanoman vastaanottamisesta, minkä Pyhä Henki vaikuttaa.

Suomen Vapaakirkko

Raamatun mukaan pelastumme uskomalla Jeesukseen. Usko on kokonaisvaltaista antautumista Jumalalle ja asettumista hänen armollisen rakkautensa varaan. Evankeliumin sanoma Jeesuksesta saa aikaan reaktion, jolloin pidämme totena lupausta, jonka Jumala antaa Poikansa Jeesuksen kautta. Usko kiinnittyy Jeesukseen ja historiallisiin tapahtumiin, jotka hänelle tapahtuivat. Usko itsessään ei pelasta, vaan usko Jeesukseen, josta silminnäkijät ja paikalla olleet meille ovat todistaneet Raamatussa.

Suomen Metodistikirkko

Kyllä. Uskonkin synnyttää Jumalan armo.

Suomen Baptistikirkko

Kun Jumala kutsuu Hän antaa voiman uskoa. Usko syntyy Jumalan sanan kuulemisen kautta.

Pelastusarmeija

Me uskomme, että me tulemme armosta vanhurskautetuiksi uskon kautta Herraamme Jeesukseen Kristukseen ja että sillä, joka uskoo, on siitä todistus omassa itsessään.

Suomen Adventtikirkko

Kyllä, mutta uskokin on Jumalan lahjaa.

Suomen evankelis-luterilainen kirkko

Ihmiset eivät voi tulla vanhurskautetuiksi Jumalan edessä omin voimin, ansioin tai teoin, vaan että heille annetaan vanhurskaus lahjaksi Kristuksen tähden uskon kautta, kun he uskovat, että heidät otetaan armoon ja että synnit annetaan anteeksi Kristuksen tähden, joka kuolemallaan on antanut hyvityksen synneistämme. Augsburgin tunnustus / IV

Suomen Anglikaaninen kirkko

Uskoa tarvitaan. Kirkon usko kannattaa myös silloin kuin oma usko on heikko. Tästä syystä seurakuntayhteyttä pidetään tärkeänä.

Suomen ortodoksinen kirkko

Kyllä.

Katolinen kirkko

Usko ei varmasti ole haitaksi pelastukselle, mutta olennaista on armo.

Tarvitaanko pelastumiseen parannusta?

Jos tarvitaan uskoa niin tarvitaanko myös parannusta vai riittääkö pelastumiseen pelkkä usko?

Myöhempien Aikojen Pyhien Jeesuksen Kristuksen Kirkko

Kyllä, parannus on uskon jälkeen evankeliumin toinen periaate. Parannukseen sisältyy se, että saamme uuden näkemyksen Jumalasta, itsestämme ja maailmasta. Elämämme saattaminen sopusointuun Jumalan tahdon kanssa parannusta tekemällä on elämämme keskeinen tarkoitus. Me voimme palata Isä Jumalan luo vain Kristuksen armon kautta ja me saamme Kristuksen armon vain parannuksen ehdolla.

Kun teemme parannuksen, meidän käsityksemme itsestämme ja maailmasta muuttuu. Muuttuessamme me huomaamme, että olemme Jumalan lapsia ja ettei meidän tarvitse enää tehdä samoja virheitä yhä uudelleen. Jos teemme vilpittömän parannuksen, me käännymme synneistämme emmekä enää tee niitä. Me vastustamme kaikkea halua tehdä syntiä. Meidän halumme seurata Jumalaa vahvistuu ja syvenee.

Vilpitön parannus tuo useita tuloksia. Me tunnemme elämässämme Jumalan anteeksiannon ja Hänen rauhansa. Syyllisyytemme ja surumme pyyhitään pois. Me tunnemme suuremmassa määrin Hengen vaikutusta. Ja kun me lähdemme tästä elämästä, me olemme valmiimpia elämään taivaallisen Isämme ja Hänen Poikansa luona.

Jehovantodistajat

Jehovantodistajat eivät vastaa kysymykseen.

Suomen Helluntaikirkko

Kyllä. Parannuksen tekemisessä on kyse syvästä mielenmuutoksesta ja Jumalan armoon turvautumisesta. Kun Jumala rakkaudessaan kutsuu meitä luokseen, hän kutsuu meitä myös kääntymään pois niistä tavoistamme ja asenteistamme, jotka sotivat Jumalan ilmoitusta ja olemusta vastaan.

Suomen Vapaakirkko

Parannuksen tekeminen merkitsee ennen kaikkea kääntymistä, suunnan muutosta. Itselleen elänyt ylpeä, omahyväinen ja Jumalan suhteen epäuskoinen ihminen kääntyy Jumalan puoleen. Kääntymiseen liittyy tilintekoa siitä, mitä on tehnyt väärin ja missä on rikkonut Jumalaa vastaan, ja toisaalta armon ja anteeksiannon vastaanottamista. Tästä muodostuu uusi elämäntapa.

Suomen Metodistikirkko

Kyllä, mutta sekään ei ole ihmisen työtä vaan sitä, että annamme Jumalan tehdä meissä työtään.

Suomen Baptistikirkko

Kun tunnustamme syntimme Jumalalle Hän antaa anteeksi. Parannus on kääntymistä pois synnistä.

Pelastusarmeija

Me uskomme, että katumus Jumalan edessä, usko Herraamme Jeesukseen Kristukseen ja uudestisyntyminen Pyhän Hengen kautta ovat välttämättömät ehdot pelastukseen.

Suomen Adventtikirkko

Kyllä. Jumala odottaa ihmisen hylkäävän itsekkään tiensä ja syntinsä ja seuraavan hänen tahtoaan kaikessa niin kuin parhaiten sen ymmärtää. Pelastuksen perustus on kuitenkin Kristuksen työssä ja parannus on sen seurausta ihmisen elämässä.

Suomen evankelis-luterilainen kirkko

Parannuksesta seurakuntamme opettavat, että ne, jotka ovat kasteen jälkeen langenneet, voivat saada syntien anteeksiantamuksen milloin tahansa, kun he kääntyvät, ja että kirkon tulee antaa synninpäästö niille, jotka näin palaavat tehdäkseen parannuksen.

Ne hylätään, jotka eivät opeta, että syntien anteeksian-

tamus saadaan uskon kautta, vaan velvoittavat meidät
ansaitsemaan armon omilla hyvitysteoillamme.

Augsburgin tunnustus / XII

Suomen Anglikaaninen kirkko

Ihminen tarvitsee parannusta. Meidän tehtävämme
on etsiä merkkejä Jumalan valtakunnasta tässä maail-
massa. Se tarkoittaa paitsi armollisuutta ja anteeksian-
toa toisia ihmisiä kohtaan, myös pyrkimystä oikeuden-
mukaisempaan yhteiskuntaan.

Suomen ortodoksinen kirkko

Kyllä. Ortodoksisessa kirkossa korostuu parannuksen
tekeminen mielenmuutoksen kautta.

Katolinen kirkko

Jokainen ihminen tarvitsee parannusta korjatakseen
suhteensa Jumalaan. Se ei kuitenkaan korvaa Jumalan
armoa.

PAHA MAAILMASSA

Miksi Jumala sallii kärsimystä ja pahoja asioita?

Tämä on ikuinen kysymys: Jos kerran Jumala on hyvä
ja kaikkivaltias, miksi Hän ei poista kärsimystä ja vää-
ryyttä maailmasta? Kuka muu voisi tähän vastata ellei
kirkko, Jumalan maanpäällinen edustaja.

Myöhempien Aikojen Pyhien Jeesuksen Kristuksen Kirkko

Sillä tavoin syntyy vastakohtaisuutta, hyvä ja paha jne. mikä on hyvin tärkeää ja tarjoaa opettavia kokemuksia maan päällä. Vastakohdat auttavat meitä mm. valitsemaan Jumalan seuraamisen ja Hänen käskyjensä noudattamisen paholaisen houkutusten sijaan. Kun näemme ja koemme pahaa, niin me osaamme antaa todellisen arvon hyvälle. Jumala sallii pahoja asioita myös siksi, koska Hän antoi ihmiselle vapaan tahdon ja koska Hän kunnioittaa sitä äärimmäisyyksiin asti.

Jehovantodistajat

Ihmiset erehtyvät pitämään Jumalaa syypäänä kaikkiin maailman kärsimyksiin? Monesti he syyttävät Kaikkivaltiasta Jumalaa siksi, että he uskovat hänen olevan tämän maailman todellinen hallitsija. He eivät tunne sitä yksinkertaista mutta tärkeää totuutta, jonka Raamattu opettaa: tämän maailman todellinen hallitsija on Saatana Panettelija.

Suomen Helluntaikirkko

Syntiinlankeemuksessa ihminen luovutti maailman persoonallisen Pahan hallintavaltaan. Pahat asiat maailmassa ovat Paholaisen ja turmeltuneen ihmisen aikaansaannoksia. Yksi ympärillämme tapahtuvien pahojen asioiden merkityksistä on auttaa meitä turvautumaan syvemmin Jumalaan. Emme usko, että kukaan pystyy antamaan tyhjentävää vastausta kärsimyksen ongelmaan.

- 205 -

Suomen Vapaakirkko

Kärsimyksen ja pahan läsnäolo maailmassa on meitä suurempi kysymys, puhumattakaan vastauksesta. Voisi ajatella pahan liittyvän vapauteen valita. Ilman todellista vaihtoehtoa valita hyvän sijasta paha, ei voitaisi puhua todellisesta vapaudesta. Ja jos ei olisi todellista vapautta, ei olisi myöskään mahdollisuutta rakkauteen ja rakastamiseen. Joka sanoo rakastavansa, kun ei voi muutakaan ja on pakko, ei tiedä, mistä rakkaudessa on kyse! Joten aidon ja todellisen hyvän ja rakkauden olemassaolo edellyttää mahdollisuutta valita paha ja ylpeä itsekkyys. Tällaisen mahdollisuuden Jumala antoi luomilleen olennoille, jotka sitten lankesivat pahaan ja vetivät ylleen kärsimystä ja pahuutta.

Suomen Metodistikirkko

Muuta selitystä ei ole kuin että synti on tullut maailmaan.

Suomen Baptistikirkko

Pahat asiat joita esiintyy maailmassa ovat syntiinlankeemuksen seurausta.

Pelastusarmeija

Pelastusarmeija ei vastaa kysymykseen.

Suomen Adventtikirkko

Koska Jumalan on pitkämielinen ei tahdo, että yksikään hukkuisi.

Suomen evankelis-luterilainen kirkko

Kirkko ei vastaa kysymykseen.

Suomen Anglikaaninen kirkko

Teodikea on ongelma on todellinen ja vastaus siihen löytyy Kristuksen rististä ja sovitustyöstä. Vastausta tähän kysymykseen pitää etsiä jatkuvasti ja lohtuna meillä on se, että Kristus on kärsinyt ennen meitä.

Suomen ortodoksinen kirkko

Usko siihen, että Jumalalle me kaikki olemme eläviä, annetaan meille vain silloin, kun me taistelemme jonkun toisen elämän puolesta tai yritämme edes lievittää jonkun toisen kipua. Ja vain silloin jos teemme tämän, emmekä yritä käyttää uskoa itsekkäisiin tarkoitusperiin.

Katolinen kirkko

Tähän ei ole tyhjentävää vastausta. Olennaista on nähdä asiassa kaksi puolta: Ensiksikin paha, joka on seurausta ihmisten tietoisista pahoista teoista, synnistä. Sen perusta on ihmisen vapaa tahto, joka on altistunut synnille (perisynti). Joskus tämä synti laajenee myös instituutionaaliselle tai yhteiskunnalliselle tasolle ja voi olla suuren kärsimyksen epäoikeudenmukaisuuden lähde. Tämä paha voi tapahtua, koska Jumala kunnioittaa ihmiselle antamaansa vapaata tahtoa.

Toisekseen luonnonilmiöt ja muut inhimillisten

aikaansaannosten ulkopuoliset tapahtumat voivat aiheuttaa sattumanvaraisia onnettomuuksia, jotka tuottavat surua ja kärsimystä ihmisille. Tämä paha voi tapahtua, koska Jumala ei normaalisti puutu luomansa luonnon kiertokulkuun.

Miksi Jumala ei puutu ihmisten tekemisiin tai luonnon tapahtumiin? Tärkein syy lienee siinä, että niin kuin me luonnon kauneudesta ja järjestyneisyydestä voimme ihmeellisellä tavalla tunnistaa Jumalan olemassaolon, me myös vapaudessa voimme parhaiten ja vilpittömimmin löytää Jumalan rakkauden teitä sieltäkin, mistä emme niitä välttämättä osaisi etsiä.

Onko persoonallinen paha (Saatana, Lusifer) oikeasti olemassa?

Lusifer on paljon esillä kristillisessä uskonnossa. Mielenkiintoinen persoona.

Myöhempien Aikojen Pyhien Jeesuksen Kristuksen Kirkko

Kyllä, aivan yhtä kirjaimellisesti kuin Jumalakin on olemassa.

Jehovantodistajat

On

Suomen Helluntaikirkko

On.

Onko persoonallinen paha (Saatana, Lusifer) oikeasti olemassa?

Suomen Vapaakirkko

Uskomme, että on olemassa näkymätöntä todellisuutta näkyvän rinnalla ja lisäksi. Enkelit, joista osa Raamatun mukaan lankesi seuraamaan saatanaa, ovat persoonallisia olentoja, vaikka ovatkin henkiolentoja. Kuten Jumala itse on Henki ja kuitenkin persoona, samoin Jumalaa vastustamaan ryhtyneet ovat olemassa ja vaikuttavat maailmaan, jonka me ihmisinä tunnemme. Siinä määrin kuin näkymätöntä todellisuutta Raamatun ilmoituksen valossa ymmärrämme, on olemassa persoonallinen paha.

Suomen Metodistikirkko

Kyllä.

Suomen Baptistikirkko

Kyllä on.

Pelastusarmeija

On.

Suomen Adventtikirkko

Kyllä.

Suomen evankelis-luterilainen kirkko

Kyllä.

Suomen Anglikaaninen kirkko

Tästä ei ole olemassa yksiselitteistä näkemystä, mutta kirkolla on olemassa ohjeet *"pahasta päästämiseen"*, joita saa käyttää ainoastaan piispan luvalla ja ohjeistuksella.

Suomen ortodoksinen kirkko

Kyllä.

Katolinen kirkko

On.

Jos Lusifer on olemassa niin mikä on hänen alkuperänsä ja tarkoituksensa?

Onko kaikki paha hänen syytään?

Myöhempien Aikojen Pyhien Jeesuksen Kristuksen Kirkko

Hän oli yksi Jumalan pojista, jolla oli valta-asema Jumalan edessä. Hän tavoitteli Jumalan kunniaa ja lankesi asemastaan. Jumala käyttää häntä tarkoitustensa toteuttamiseen. Esimerkiksi paratiisissa hän houkutteli Eevan ja Aadamin syömään kiellettyä hedelmää

Jehovantodistajat

Tämä henkipersoona oli alun perin vanhurskas ja täydellinen, mutta kääntyi sitten syntiin ja turmeluk-

seen. Jaakob kuvailee tähän johtanutta tapahtumasarjaa
kirjoittaessaan: *"Kutakin koetellaan siten, että hänen
oma halunsa vetää ja houkuttelee häntä. Kun sitten
halu on hedelmöitynyt, se synnyttää synnin; kun synti
on vuorostaan suoritettu, se tuottaa kuoleman."*

Suomen Helluntaikirkko

Paholainen oli alun perin Jumalan luoma hyvä enke-
liolento. Raamattu kertoo sen langenneen ylpeyteen
ja tavoittelemaan itselleen Jumalan asemaa. Tämä
lankeemus teki siitä Paholaisen, joka vastustaa kaikkia
Jumalan tarkoituksia. Se toimii varastamalla, tappa-
malla ja tuhoamalla sekä valehtelemalla.

Suomen Vapaakirkko

Pahan, saatanan, alkuperää tunnemme vain sen verran,
kuin Jumala on sitä Raamatussa avannut. Vaikuttaisi
siltä, että alun perin enkeliksi luotu olento päättää
nousta Luojaansa vastaan ja tavoitella asemaa, jossa
itse olisi jumalankaltainen tai jopa jotain enemmän.
Tällaisen lankeemuksen seurauksena syntyy eräänlai-
nen moraalinen ja olemuksellinen *"musta aukko"*, joka
imee sisäänsä kaiken hyvän ja kääntää sen pelkästään
pahaksi. Koska saatanan halu oli päästä jumalankaltai-
seksi, mutta luotuna olentona epäonnistui hankkees-
saan, pyrkii se nyt kaikin keinoin vastustamaan Juma-
laa ja hänen hyviä päämääriään.

Suomen Metodistikirkko

Langennut enkeli. Kapina Jumalaa vastaan. Loppuun
asti emme häntä pysty selittämään, mutta kyllä raa-

Jos Lusifer on olemassa niin mikä on hänen alkuperänsä ja tarkoituksensa?

mattu näkee hänet Jumalan vihollisena.

Suomen Baptistikirkko

Jumala loi Luciferin enkeliksi. Se lankesi ja ylpistyi.

Pelastusarmeija

Pelastusarmeija ei vastaa kysymykseen.

Suomen Adventtikirkko

Pahan alkuperän ymmärtämisessä tietomme on rajattu siihen, mitä asiasta Raamatussa kerrotaan. Kun Jumala on Raamatun mukaan rakkaus, niin paholaisen toiminnan alkuna oli itsekkyys, halu nousta Jumalan rinnalle tai yläpuolelle. (Vrt. esim. Jes. 14:13,14)

Suomen evankelis-luterilainen kirkko

Kirkko ei vastaa kysymykseen.

Suomen Anglikaaninen kirkko

Hän on langennut luotu olento, jonka tarkoituksena on erottaa ihminen ja Jumala. Toiminnan motiivina voimme lukea Raamatusta kateuden.

Suomen ortodoksinen kirkko

Aikaisemmin saatana oli muiden enkelien johtaja, joka ylpistyi ja yritti päästä Jumalan kaltaiseksi syrjäyttämällä Hänet. Kapinan seurauksena saatana seuraaji-

Jos Lusifer on olemassa niin mikä on hänen alkuperänsä
ja tarkoituksensa?

neen heitettiin ulos Taivaasta ja näin muistakin langen-
neista enkeleistä tuli demoneja, pahoja henkiä.
Saatana tuottaa pahaa ja yllyttää ihmisiä kapinoimaan
Luojaansa vastaan. Saatana jatkaa tällä tavoin taivaassa
aloittamaansa kapinaa. Raamatun mukaan kapinalla
tosin ei ole toivoa, vaan etenkin Ilmestyskirjan mukaan
saatana häviää ja hänet tuomitaan yhdessä hänen
liittolaisikseen ryhtyneiden enkeleiden ja kadotettujen
ihmisten kanssa ikuiseen tuleen. Täällä heitä tullaan
vaivaamaan ikuisesti.

Katolinen kirkko

Paholainen on langennut enkeli, jonka tarkoitus on
aiheuttaa riitaa ja hajaannusta, kuolemaa ja kärsimystä,
kapinoida kaikin tavoin Jumalan rakkautta vastaan.

ELÄMÄSTÄ

Miten kirkkonne suhtautuu
perhesuunnitteluun (ehkäisyyn)?

Tästä on olemassa ainakin kahdenlaista ajattelua.

Myöhempien Aikojen Pyhien Jeesuksen
Kristuksen Kirkko

Jos aviopuolisot ovat terveitä ja kykeneviä huolehti-
maan jälkeläisistään, heidän tulisi antaa lasten syntyä
perheeseensä. Viime kädessä päätös lasten lukumää-
rästä on puolisoiden ja Jumalan välinen asia.

Miten kirkkonne suhtautuu perhesuunnitteluun (ehkäisyyn)?

Jehovantodistajat

Jehovantodistajat eivät vastaa kysymykseen.

Suomen Helluntaikirkko

Perhesuunnittelu on helluntaiseurakunnissa jokaisen avioparin henkilökohtainen asia.

Suomen Vapaakirkko

Näkemyksemme mukaan ihmiskunta on toteuttanut tehtävänsä maan täyttämisessä siinä määrin, että perhesuunnittelu on luvallista ja mahdollista.

Suomen Metodistikirkko

Perheen sisäinen asia.

Suomen Baptistikirkko

Suhtaudumme perhesuunnitteluun hyväksyen.

Pelastusarmeija

Pelastusarmeija ei vastaa kysymykseen.

Suomen Adventtikirkko

Kirkolla ei ole ennalta määriteltyä kantaa. Jäsenet voivat oman elämäntilanteensa mukaan ratkaista asian parhaansa mukaan.

Suomen evankelis-luterilainen kirkko

Kirkko ei vastaa kysymykseen.

Suomen Anglikaaninen kirkko

Englannin kirkko hyväksyy perhesuunnittelun. Etenkin Afrikan anglikaanisissa kirkoissa on myös kriittisesti suhtautuvia.

Suomen ortodoksinen kirkko

Kirkolla ei ole yhtä oikeaa vastausta kysymykseen. Avioliiton on oltava avoin lapsen saamiselle, sillä se on sen yksi tärkeimmistä tarkoituksista. Vaikkei tämä kuitenkaan ole ainoa tarkoitus on tämä niin kutsuttu *"perusavoimuus"* oltava. Ehkäisy on siinä mielessä hyväksyttävää, muttei *"millä hinnalla hyvänsä"*. Se ei ole ortodoksisen kirkon opetuksen mukaista silloin jos avioliitosta yritetään täysin ja aina eristää lapsensaannin mahdollisuus.

Katolinen kirkko

Perhesuunnittelu on jokaisen kristillisen avioparin velvollisuus, mutta siinä ei saa toimia itsekkäästi eikä sen toteuttamiseksi ole lupa käyttää keinotekoisia ehkäisykeinoja. Siksi kirkko puhuu ennen kaikkea syntyvyyden sääntelystä.

Onko abortti hyväksyttävää joissakin olosuhteissa?

Suomessa tehtiin raskaudenkeskeytyksiä 10 060

vuonna 2012 ja 8602 vuonna 2018 eli pienen kaupungin verran kuolemaa vuosittain, joista suurin osa tapahtuu mukavuussyistä.

Myöhempien Aikojen Pyhien Jeesuksen Kristuksen Kirkko

Kirkko vastustaa henkilökohtaisista ja sosiaalisista syistä tehtyä aborttia. Abortin tekeminen on mitä vakavin asia ja sitä tulee harkita vasta kun asianomaiset ovat neuvotelleet asiantuntevan lääkärin ja hengellisten johtajien kanssa ja saaneet vahvistuksen Jumalalta rukouksessa.

Jehovantodistajat

Jehovantodistajat eivät vastaa kysymykseen.

Suomen Helluntaikirkko

Ei.

Suomen Vapaakirkko

Emme hyväksy kohdussa varttuvan ja kehittyvän ihmisen elämän päättämistä väkivalloin ja keinotekoisesti. Ainoan poikkeuksen tehnee tilanne, jossa on valittava joko äidin tai vauvan henki.

Suomen Metodistikirkko

Kyllä.

Onko abortti hyväksyttävää joissakin olosuhteissa?

Suomen Baptistikirkko

Kyllä.

Pelastusarmeija

Pelastusarmeija ei vastaa.

Suomen Adventtikirkko

Mahdollisesti.

Suomen evankelis-luterilainen kirkko

Kirkko ei vastaa.

Suomen Anglikaaninen kirkko

Englannin kirkon mukaan on. Elämä on pyhää ja siksi abortti ei ole koskaan helppo ratkaisu.

Suomen ortodoksinen kirkko

Ortodoksinen kirkko suhtautuu kielteisesti aborttiin. Se on vakava synti. Se on ollut ortodoksisen kirkon kanta alusta saakka.

Katolinen kirkko

Ei. Jos syntymätön lapsi kuolee, kun pyritään turvaamaan äidin henki, ei kysymyksessä ole varsinainen abortti, jonka tarkoituksena on ensi sijassa ihmiselämän päättäminen.

Jos abortti on hyväksyttävissä niin millaisissa olosuhteissa?

Suomessa raskauden keskeytys hyväksyttiin ennen vuotta 1950 vain lääketieteellisistä syistä.

Myöhempien Aikojen Pyhien Jeesuksen Kristuksen Kirkko

Abortti saattaa olla hyväksyttävää siinä tapauksessa, että raskaus on aiheutunut raiskauksesta tai insestistä tai kun asiantunteva lääkäri on todennut, että äidin henki tai terveys on vakavassa vaarassa tai että sikiöllä on vakavia vammoja, joiden takia lapsi ei jäisi henkiin syntymän jälkeen.

Jehovantodistajat

Jehovantodistajat eivät vastaa.

Suomen Helluntaikirkko

Abortti on mahdollinen vain äärimmäisissä poik-keustapauksissa, joissa äidin henki on välittömästi ja ehdottomasti uhattuna. Periaatteena on pelastaa se elämä, jonka kiintymys- ja tarvitsevuussuhteet ovat laajemmat.

Suomen Vapaakirkko

Ks. edellä.

Suomen Metodistikirkko

Jos äidin terveys on vaarassa. Katsomme, että äidin elämä on tärkeämpi kuin syntymättömän lapsen.

Suomen Baptistikirkko

Abortti on hyväksyttävää jos äidin henki on vaarassa.

Pelastusarmeija

Pelastusarmeija ei vastaa.

Suomen Adventtikirkko

Esimerkiksi tilanteissa, joissa raskaus vaarantaa äidin hengen/terveyden tai jos raskauden taustalla seksuaalinen väkivalta.

Suomen evankelis-luterilainen kirkko

Kirkko ei vastaa.

Suomen Anglikaaninen kirkko

Kirkko vastustaa aborttia, mutta on sitä mieltä, että joissain tilanteissa se voi olla moraalisesti suositeltavampi kuin mikään muu vaihtoehto.

Suomen ortodoksinen kirkko

Ks. edellinen vataus

Katolinen kirkko

Ks. edellinen vataus

Miten kirkkonne suhtautuu esiaviollisiin sukupuolisuhteisiin?

Seksuaalisuus saa aikaan ajatuksia ja asenteita etenkin uskonnon piirissä.

Myöhempien Aikojen Pyhien Jeesuksen Kristuksen Kirkko

"Pyhiä lisääntymisen voimia tulee käyttää ainoastaan miehen ja naisen kesken, jotka on laillisesti vihitty aviomieheksi ja vaimoksi" ("Perhe – julistus maailmalle").
"Läheinen fyysinen kanssakäyminen aviomiehen ja vaimon välillä on kaunista ja pyhää. Se on Jumalan säätämää lasten luomiseksi ja rakkauden ilmaisemiseksi aviomiehen ja vaimon välillä. Jumala on käskenyt, että sukupuolinen läheisyys tulee varata avioliittoon." (Nuorten voimaksi -lehtinen.)

Jehovantodistajat

Jumala tarkoitti seksin vain keskenään naimisissa oleville miehelle ja naiselle. (1. Mooseksen kirja 1:27, 28; 3. Mooseksen kirja 18:22; Sananlaskut 5:18, 19).

Suomen Helluntaikirkko

Sukupuoliyhteyden harjoittaminen avioliiton ulkopuolella, tapahtuipa se sitten heteroseksuaalisessa tai homoseksuaalisessa suhteessa, on vastoin Jumalan tahtoa ja nähdään sen vuoksi synniksi.

Suomen Vapaakirkko

Uskomme Jumalan tarkoittaneen sukupuolielämän avioliittoon, jossa osapuolet ovat sitoutuneet toisiinsa solmimalla julkisen liiton ja siten myös voisivat tarjota mahdollisesti syntyvälle lapselle kodin vanhempiensa suhteen puitteissa. Samalla toki toteamme, että seksuaalisuuden ja sukupuolisuhteiden alueella olemme samalla tavalla armon ja anteeksiantamuksen piirissä kuin muutoinkin elämässä.

Suomen Metodistikirkko

Suosittelemme pidättyvyyttä.

Suomen Baptistikirkko

Opetamme, että seksi kuuluu avioliittoon.

Pelastusarmeija

Pelastusarmeija ei vastaa.

Suomen Adventtikirkko

Kirkko pyrkii neuvonnalla varoittamaan nuoria esiaviollisten suhteiden vaaroista.

Suomen evankelis-luterilainen kirkko

Onnellisinta on, jos sukupuolinen kanssakäyminen astuu kuvaan vasta kun luottamus ja sitoutuminen ovat luoneet sille kestävän maaperän. Avioliitto on sukupuolisuhteen aito ja turvallinen ympäristö. Rakkauden lahja

Suomen Anglikaaninen kirkko

Kirkko opettaa, että sukupuolisuhteet kuuluvat avioliittoon.

Suomen ortodoksinen kirkko

Kirkko ei vastaa kysymykseen.

Katolinen kirkko

Seksi kuuluu avioliiton jo solmineiden yhden miehen ja yhden naisen väliseen elinikäiseen liittoon.

Miten kirkkonne suhtautuu samaa sukupuolta olevien parisuhteeseen?

Ajassa oleva kysymys. Homoseksuaalisuuteen kohdistuu erilaisia ajatuksia ja asenteita.

Myöhempien Aikojen Pyhien Jeesuksen Kristuksen Kirkko

"Pyhiä lisääntymisen voimia tulee käyttää ainoastaan miehen ja naisen kesken, jotka on laillisesti vihitty aviomieheksi ja vaimoksi". (Perhe – julistus maailmalle)

Jehovantodistajat

Raamatussa tuomitaan muu kuin miehen ja vaimon välinen seksi, olipa se homo- tai heteroseksiä (1. Korinttilaisille 6:18). Tähän sisältyy yhdyntä, toisen sukupuolielinten hyväily sekä suu- ja anaaliseksi.

Suomen Helluntaikirkko

Homoseksuaalinen parisuhde ei voi olla Raamatun
opetuksen mukaisen kristillisen seksuaalietiikan
hyväksymä elämäntapa.

Suomen Vapaakirkko

Näemme, että avioliitto on miehen ja naisen välinen
liitto, johon sitoudutaan tavoitteena elinikäinen liitto.
Samaa sukupuolta olevat henkilöt eivät voi toteuttaa
Jumalan säätämystä, joka ilmenee luomisen yhtey-
dessä. Ymmärrämme kuitenkin, että yhteiskunnan
rauhan ja toimivuuden kannalta laki ja säädökset sääte-
levät sellaistakin elämäntapaa, jota emme pidä kris-
tillisenä, josta esimerkkinä mahdollisuus rekisteröidä
parisuhteensa.

Suomen Metodistikirkko

Kirkko ei hyväksy samaa sukupuolta olevien parisuh-
detta. Silti henkilöt haluamme kohdata ihmisinä.
Suomen Baptistikirkko
Opetamme, että Jumala antoi luomisessaan käskyn
miehelle ja naiselle: lisääntykää ja täyttäkää maa.
Homoseksuaalisuus on syntiä Raamatun mukaan.

Pelastusarmeija

Pelastusarmeija ei vastaa kysymykseen.

Suomen Adventtikirkko

Kirkko suhtautuu kielteisesti samaa sukupuolta ole-

**Miten kirkkonne suhtautuu samaa sukupuolta
olevien parisuhteeseen?**

vien parisuhteisiin. Adventtikirkon homoseksuaali-
suutta koskevat julkilausumat kuitenkin korostavat
sitä, että Jumalan armo on tarjolla myös niille, joiden
seksuaalinen suuntaus kohdistuu samaan sukupuoleen,
ja ettei Raamattu anna perusteita homofobiaan. Kaikki
ovat syntiä tehneet ja ovat vailla Jumalan kirkkautta
(Room. 3:23) sopii yhtä lailla heteroihin kuin homoihinkin.

Suomen evankelis-luterilainen kirkko

Suhtautuminen homoseksuaalisuuteen jakaa kirkkoja
ja kristittyjä. Eri näkemysten kannattajien on yhdessä
huolehdittava kirkon ykseydestä.

Seksuaalisesti erilaisetkin ovat toisilleen lähimmäi-
siä.

Kaikkien ihmisten yhteiselämää koskevat samat
lähimmäisyyden ja toisen asemaan asettumisen peri-
aatteet.

Kirkossamme käynnissä oleva selvitystyö käsittelee
homoseksuaalisuutta raamatuntulkinnan, kristillisen
opin ja ihmiskuvan sekä ekumenian ja lainsäädännön
kannalta. Rakkauden lahja

Suomen Anglikaaninen kirkko

Kahden samaa sukupuolta olevan ihmisen suhde
nähdään arvokkaana ja suojeltavana. Esimerkiksi Eng-
lannin kirkko hyväksyy parisuhteensa rekisteröineen
kirkon virkaan, jos tämä lupaa elää selibaatissa.

Suomen ortodoksinen kirkko

Kirkko ei vastaa kysymykseen.

Katolinen kirkko

Kahden ihmisen välinen suhde, joka ei ole yhden miehen ja yhden naisen välinen avioliitto, ei voi saada kirkon hyväksyntää.

Miten kirkkonne suhtautuu samaa sukupuolta olevien avioliittoon?

Ajankohtainen aihe tämäkin. Nykyisin puhutaan tasa-arvoisesta avioliittolaista. Onko tässä kysymys tasa-arvosta, vai vain erilaisten ihmisten tarpeesta olla samanlaisia kuin useimmat?

Myöhempien Aikojen Pyhien Jeesuksen Kristuksen Kirkko

Koska perhe on Jumalan säätämä, miehen ja naisen välinen avioliitto on keskeisellä sijalla Hänen iankaikkisessa suunnitelmassaan. Kirkko ei tunnusta avioliittona mitään muuta suhdetta.

Jehovantodistajat

Jehovan todistajat eivät vastaa kysymykseen.

Suomen Helluntaikirkko

Helluntaiherätys on toiminnassaan, julistuksessaan ja opetuksessaan sitoutunut Raamatun opetuksesta nousevaan avioliittokäsitykseen ja seksuaalietiikkaan. Sen mukaisesti avioliitto on miehen ja naisen muodostama kestäväksi tarkoitettu liitto, joka perustuu puolisoiden väliseen uskollisuuteen, rakkauteen ja kunnioitukseen.

Miten kirkkonne suhtautuu samaa
sukupuolta olevien avioliittoon?

Suomen Vapaakirkko

Avioliitto tulee säilyttää miehen ja naisen välisenä

Suomen Metodistikirkko

Avioliitto on vain miehen ja naisen välinen.

Suomen Baptistikirkko

Avioliitto on miehen ja naisen välinen liitto. Emme
tue emmekä halua siunata samaa sukupuolta olevien
liittoa.

Pelastusarmeija

Pelastusarmeija ei vastaa kysymykseen.

Suomen Adventtikirkko

Useimmat adventistit varmasti pitäisivät sanan avio-
liitto terminä, joka viittaa miehen ja naisen väliseen
liittoon. Sanat parisuhde, rekisteröity parisuhde tai
avioliitto liittyvät kuitenkin yhteiskunnallisiin tai sosi-
aalisiin määritteisiin, eikä kirkko odota, että se saisi
päättää kuinka näitä termejä yhteiskunnassa käytetään.

Suomen evankelis-luterilainen kirkko

Kirkko ei vastaa kysymykseen.

Suomen Anglikaaninen kirkko

Kirkko opettaa, että avioliitto on yhden miehen ja

Miten kirkkonne suhtautuu samaa
sukupuolta olevien avioliittoon?

yhden naisen elinikäinen suhde. Kirkko on sitoutunut
jatkamaan keskustelua asiasta.

Suomen ortodoksinen kirkko

Ortodoksisen kirkon opetuksen mukaan avioliiton
sakramentti on vain naisen ja miehen välinen.

Katolinen kirkko

Kirkko vastustaa sitä, koska se ei mitenkään voi olla
todellinen avioliitto.

KUOLEMASTA

Onko ihmisellä kuoleman jälkeistä elämää?

Kristilliset kirkot vakuuttavat, että on. Tämä kysymys
on varmasti jokaisen mielessä jossain vaiheessa, vaikka
kysymys mielellään poistetaan päivätajunnasta.

Myöhempien Aikojen Pyhien Jeesuksen Kristuksen Kirkko

Kyllä, Jeesuksen Kristuksen rakkaudentäyteisen
sovitustyön ansiosta jokainen, joka on syntynyt maan
päälle, nousee kuolleiden ylösnousemuksessa.

Jehovantodistajat

Totuus on, että meillä ei ole aiempaa olemassaoloa.
Ennen hedelmöitymistämme meitä ei ollut. Asia ei ole
sen monimutkaisempi. On johdonmukaista ajatella,

että kuolemassa tietoisuus palaa täsmälleen samaan tilaan, jossa se oli ennen olemassaoloamme.

Suomen Helluntaikirkko

Kyllä

Suomen Vapaakirkko

Kyllä.

Suomen Metodistikirkko

Kyllä.

Suomen Baptistikirkko

Kyllä on.

Pelastusarmeija

On.

Suomen Adventtikirkko

Kyllä.

Suomen evankelis-luterilainen kirkko

Kyllä.

Suomen Anglikaaninen kirkko

Kyllä.

Suomen ortodoksinen kirkko

On.

Katolinen kirkko

On.

Millaista on kuoleman jälkeinen elämä?

Kiinnostava asia. Tästä ei ole tieteelle kelpaavaa faktaa olemassa. Olemme uskonnon alueella. Siksi kysymme asiaa kirkosta.

Myöhempien Aikojen Pyhien Jeesuksen Kristuksen Kirkko

Ylösnousemuksessa henki ja ruumis yhdistetään jälleen täydellisessä muodossaan sellaiseksi kuin me nyt, tällä hetkellä olemme ja meidät saatetaan Jumalan eteen, tietäen, mitä me nyt tiedämme. Tämä palauttaminen koskee kaikkia – sekä jumalattomia että vanhurskaita.

Temppeleissä suoritettavien toimitusten ansiosta miehet ja naiset voivat jatkaa elämää aviopuolisoina iankaikkisessa avioliitossa, johon kuuluvat heidän lapsensa. Iankaikkisessa avioliitossa elävät puolisot voivat saada lapsia kuoleman jälkeisessä elämässä ja heidän lapsensa voivat saada lapsia jne. Tämä on olennainen osa iankaikkista elämää.

Jehovantodistajat

Jehovantodistajat eivät vastaa kysymykseen.

Suomen Helluntaikirkko

Jokainen Jeesukseen uskova vapautuu kadotustuomiosta ja pääsee taivaaseen Jumalan iankaikkiseen valtakuntaan ja läsnäoloon. Ilman uskoa Jeesukseen ihmisen olemassaolo jatkuu iankaikkisessa kadotuksessa, Jumalassa olevan todellisen elämän ulkopuolella.

Suomen Vapaakirkko

Kirkko ei vastaa kysymykseen.

Suomen Metodistikirkko

Taivaassa. Raamatun mukaan ihmisen valinnat vaikuttavat iankaikkisen elämän luonteeseen.

Suomen Baptistikirkko

Ihmisellä on iankaikkinen sielu, joka ei koskaan kuole.

Pelastusarmeija

Me uskomme sielun kuolemattomuuteen, ruumiin ylösnousemiseen, maailman lopulla tapahtuvaan yleiseen tuomioon, vanhurskaiden iankaikkiseen onneen ja pahojen ikuisesti kestävään rangaistukseen.

Suomen Adventtikirkko

Adventtikirkon käsitys ihmisestä on holistinen. Tämä tarkoittaa sitä, että ihminen on kokonaisuus ja sana "sielu" tarkoittaa ihmisen persoonaa eikä henkeä, jolla voisi olla itsenäinen elämä ruumiin ulkopuolella. Kun ihminen kuolee, kyseessä on elämän päättyminen. Jumala tallentaa ihmisen persoonan ja palauttaa sen ylösnousemuksessa ajan lopussa.

Suomen evankelis-luterilainen kirkko

Kristus on aikojen täyttyessä ilmestyvä tuomiolle ja herättävä kaikki kuolleet; hurskaille ja valituille hän antaa iankaikkisen elämän ja pysyvän ilon, mutta jumalattomat ihmiset ja perkeleet hän tuomitsee ikuiseen piinaan. Augsburgin tunnustus XVII

Suomen Anglikaaninen kirkko

Uskomme ruumiin ylösnousemukseen ja ikuiseen elämään.

Suomen ortodoksinen kirkko

Meille monin eri tavoin kerrotaan siitä, että sielun tila iankaikkisuudessa on joko hyvä taikka huono, riippuen pitkälti siitä, että onko meissä rakkautta vai olemmeko välinpitämättömiä. Iankaikkisuudessa ei ole kipuja, suruja tai huokauksia, vaan on loppumaton elämä.

Katolinen kirkko

Lopullisesti kysymys on pääsemisestä taivaan kirkkauteen, jossa saa elää iankaikkisesti yhdessä Jumalan kanssa.

Mitä ihmiselle tapahtuu kuolemassa?

Me kaikki kuolemme. Lienee ainoa asia mistä ihmiset ovat samaa mieltä, kulttuurieroista huolimatta. Yleensä kirkkojen tehtävänä on järjestää ihmiselle valmistelut viimeiselle matkalle. Varmaan kirkossa tiedetään mitä kuolemassa tapahtuu.

Myöhempien Aikojen Pyhien Jeesuksen Kristuksen Kirkko

Kaikkien ihmisten henget, niin pian kuin ne ovat lähteneet tästä kuolevaisesta ruumiista, olivatpa he hyviä tai pahoja, otetaan kotiin sen Jumalan luokse, joka antoi heille elämän. Niiden henget, jotka ovat vanhurskaita, otetaan vastaan onnen tilaan, jota sanotaan paratiisiksi, levon ja rauhan tilaksi, missä he saavat levätä kaikista vaivoistaan ja kaikesta huolesta ja murheesta. Jumalattomien henget, jotka ovat pahoja, karkotetaan ulkoiseen pimeyteen, jossa itketään, valitetaan ja kiristellään hampaita. Näin he jäävät tähän tilaan, samoin kuin vanhurskaat paratiisiin, ylösnousemukseen asti.

Ylösnousemuksessa sielu palautetaan ruumiiseen ja ruumis sieluun, jokainen jäsen ja nivel palautetaan ruumiiseensa, edes hiuskarva päästä ei joudu hukkaan, vaan kaikki palautetaan oikeaan ja täydelliseen muotoonsa. (ks. Mormonin Kirja, Alma 40).

Jehovantodistajat

Jumala sanoi Aadamille sen jälkeen kun tämä oli rikkonut häntä vastaan: *"Tomua sinä olet, ja tomuun sinä palaat."*

Suomen Helluntaikirkko

Ruumiillisessa kuolemassa ihmisen sisäinen ihminen eli sielu/henki erkanee ihmisen ruumiista. Sen jälkeen ruumis jää maatuvana odottamaan joko elämän tai tuomion ylösnousemusta. Ennen ylösnousemusta Jeesukseen uskovan ihmisen sielu/henki on paratiisissa, ei-uskovan sielu/henki tuonelassa.

Suomen Vapaakirkko

Kuolema merkitsee tämän nykyisen ruumiillisen olomuodon päättymistä. Ihminen on kokonaisuus, johon kuuluu hengellinen ulottuvuus, jota toisinaan nimitetään myös sieluksi. Kristillinen käsitys lähtee siitä, että ruumiin kuollessa ihminen kuitenkin jatkaa elämäänsä toisenlaisessa olomuodossa. Ruumiin kuolema on kuitenkin väliaikaista, koska maailmanajan lopulla Jumala herättää kuolleet myös ruumiillisesti, joskin kyseessä tulee olemaan uusi luomisteko ja siten ruumis tulee olemaan uudenlainen. Lopullisesti ihminen on jälleen kokonainen hengen ja ruumiin osalta, mutta nyt ilman synnin kirousta ja siten vapaa kuolemasta. Tämä tapahtui Jeesukselle ensimmäisenä, joka on *"esikoinen kuolleista nousseista"*. Hänen ruumiinsa koki kuoleman perjantaina, jolloin hänet myös haudattiin. Juuri ennen kuolemaansa hän oli antanut henkensä Isän

Jumalan käsiin. Lauantai oli välivaihe, jolloin hänen ruumiinsa oli elottomana haudassa. Ja sunnuntaiaamuna hän nousi kuolleista uudessa ruumiissaan.

Uskomme, että kuoleman jälkeinen elämä määräytyy sen mukaan, joutuuko ihminen itse vastaamaan synneistään, vai onko hän turvautunut Kristukseen omana sijaiskärsijänään. Jos kuolee *"Kristuksessa"*, siis uskoen häneen, päätyy Jumalan armon varassa Isän Jumalan kotiin, iankkaikkiseen elämään hänen yhteydessään. Jos kuolee ilman Kristusta, joutuu itse vastaamaan valinnoistaan, teoistaan, sanoistaan – kaikesta synnistä, mikä tunnolla on. Jumala tuomitsee oikeudenmukaisesti ja synti saa palkkansa iankkaikkisessa kuolemassa, joka merkitsee eroa Jumalasta ja hänen valtakunnastaan.

Suomen Metodistikirkko

Siirtyminen ajasta ikuisuuteen. Emme voi sanoa, että ihminen automaattisesti siirtyisi taivaaseen. Iankaikkisuuden aikarajoista meillä ei ole tietoa.

Suomen Baptistikirkko

Henki palaa Jumalan luokse ja ruumis jää hautaan odottamaan ylösnousemusta, jonka jälkeen Jumala luo uuden maan ja taivaan.

Pelastusarmeija

Pelastusarmeija ei vastaa kysymykseen.

Suomen Adventtikirkko

Kuolema on ihmisen elämän ja tietoisuuden päätty-
mistä. Uskovan kohdalla sitä voi verrata uneen, josta
hän ylösnousemuksessa herää.

Suomen evankelis-luterilainen kirkko

Kirkko ei vastaa kysymykseen.

Suomen Anglikaaninen kirkko

Tästä meillä ei voi olla varmaa käsitystä, muuta kuin
Jeesuksen sana ryövärille. Tänä päivänä sinä olet kans-
sani paratiisissa.

Suomen ortodoksinen kirkko

Kuolema on syntymistä uuteen iankaikkiseen elämään.
Kirkkokalenterista löytyvät pyhien ihmisten muisto-
päivät eivät perustu heidän syntymäpäiviinsä, vaan
heidän kuolinpäiviinsä. Se on uuden syntymäpäivän
muistojuhlaa.

Katolinen kirkko

Ainakin tomistisen käsityksen mukaan kuolemassa
sielu irtaantuu ruumiista. Seuraa henkilökohtainen
tuomio. Sielu joutuu joko helvettiin tai taivaaseen.
Taivaaseen sielu pääsee useimmiten kiirastulen kautta,
jossa se puhdistuu kokonaan kaikista synnin seurauk-
sista. Kuolleiden ylösnousemuksen yhteydessä sielu
palaa yhteyteen kirkastetun ruumiinsa kanssa.

SAKRAMENTIT

Kaste

Toiset kastavat lapset vauvaikäisenä ja toiset vasta myöhemmin. Onko kasteella muukin merkitys kuin vain nimen saaminen ja kirkon jäseneksi liittäminen?

Myöhempien Aikojen Pyhien Jeesuksen Kristuksen Kirkko

Kaste on evankeliumin ensimmäinen pelastava toimitus. Kaste tulee suorittaa veteen upottamalla ja pappeuden valtuudella. Kaste on välttämätön, jotta ihminen pääsee Myöhempien Aikojen Pyhien Jeesuksen Kristuksen Kirkon jäseneksi. Sitä edeltää usko Jeesukseen Kristukseen ja parannus. Jotta kaste olisi täydellinen, sen jälkeen täytyy saada Pyhän Hengen lahja.

Koska kaikilla ihmisillä ei ole maan päällä mahdollisuutta ottaa vastaan evankeliumia kuolevaisuudessa, Herra on antanut valtuuden suorittaa sijaiskasteita kuolleiden puolesta.

Jehovantodistajat

Kristillinen vesikaste on ulkonainen vertauskuva siitä, että kastettava on kokonaan, varauksetta ja ehdoitta vihkiytynyt Jeesuksen Kristuksen kautta tekemään Jehova Jumalan tahdon. Koska yksilön täytyy tehdä vakava päätös kasteen suhteen, niin henkilön täytyy ilmeisesti olla ainakin siinä iässä, että hän pystyy kuulemaan, uskomaan ja tekemään tämän päätöksen.

Suomen Helluntaikirkko

Uskomme, että Jeesuksen asettama kaste liittyy olennaisesti Uuden Testamentin pelastus- ja seurakuntaoppiin. Kaste on toimitettava uskoa tunnustavalle henkilölle Isän ja Pojan ja Pyhän Hengen nimeen. Uuden Testamentin esimerkkien valossa kristillistä kastetta edeltää evankeliumin julistus, uskon syntyminen ja sitä seuraava mielenmuutos. Tämän vuoksi näemme, että raamatullinen kaste otetaan uskon ehdon toteuduttua, eli kaste seuraa ihmiselle lahjoitettua uskoa.

Kaste tapahtuu veteen upottamalla, joka eroaa vedellä valelusta ja vedellä pirskottamisesta. Myös Uuden testamentin sana *"kastaa"* (kreik. baptidzō) merkitsee upottamista. Samoin Uuden testamentin kuvaukset tukevat upottamalla kastamista: Jeesus kastettiin Jordanissa, jossa oli *"paljon vettä"* ja hän nousi *"ylös vedestä"*. Samoin alkuseurakunnan kastettavat *"astuivat veteen"* ja tulivat *"ylös vedestä"*. Upottaminen vastaa parhaiten kasteen olemusta ja kielikuvaa *"haudattu Kristuksen kanssa"*.

Suomen Vapaakirkko

Vapaakirkon yhdyskuntajärjestyksen mukaan kristillinen kaste toimitetaan uskoville veteen upottamalla Isän, Pojan ja Pyhän Hengen nimeen.

Jeesuksen esimerkin mukaisesti Vapaakirkossa pienet lapset siunataan. Perheet tekevät aloitteen siunaustilaisuuden järjestämiseksi.

Pienet ja viattomat lapset käsitetään autuaiksi Kristuksen sovitustyön perusteella. Synti erottaa Jumalasta vasta, kun lapsi kykenee valitsemaan ja ottamaan vastuun teoistaan. (Jes. 7:15)

Suomen Metodistikirkko

Metodistit kastavat niin vastasyntyneitä lapsia kuin muun ikäisiä kasteelle tulevia henkilöitä. Kastaminen voi tapahtua upottamalla veteen, vettä valelemalla tai pirskottamalla. Metodistikirkossa ei toimiteta hätäkasteita vaan katsotaan, että ihminen on syntyessään Jumalan eikä paholaisen lapsi.

Kasteessa lahjoitettava Jumalan armo vaikuttaa ihmisen tilassa muutoksen, joka on pelastuksen edellytys. Kastetoimitus ei automaattisesti pelasta. Kaste on prosessi, johon kuuluu sekä toimitus että ihmisen uskon vastaus.

Suomen Baptistikirkko

Kaste suoritetaan upottamalla Isän, Pojan ja Pyhän Hengen nimeen. Kaste tapahtuu uskontunnustuksen perusteella. Emme kasta vauvoja.

Pelastusarmeija

Kasteesta luopumista perustellaan sillä, että Uuden testamentin mukaan tärkein kaste on pyhän hengen kaste ja että Jeesus ei säätänyt vesikastetta eikä velvoittanut seuraajiaan toimittamaan sitä. Uskonnot.fi

Suomen Adventtikirkko

Armo on Jumalan lahja ja usko tulee kuulemisesta ja

Kaste

Jumalan sanan voimasta. Kirkollisia toimituksia kuten kastetta tai ehtoollista ei pidetä armon välittäjinä, vaan vertauskuvallisina toimituksina, joiden tehtävä on muistuttaa ihmistä Jumalan rakkaudesta ja vahvistaa uskovan liittoa Jumalan kanssa.

Adventtikirkossa on käytössä uskovien kaste, joka tapahtuu Isän, Pojan ja Pyhän Hengen nimeen veteen upottamalla. Yleensä kastettava tunnustaa uskonsa.

Suomen evankelis-luterilainen kirkko

Kasteesta seurakuntamme opettavat, että se on vält- tämätön pelastukseen ja että Jumalan armo annetaan kasteen välityksellä. Lapset tulee kastaa, jotta heidät kasteen kautta annettaisiin Jumalan huomaan ja näin otettaisiin Jumalan armoon.

Ne tuomitsevat kasteenuusijat, jotka hylkäävät lap- sikasteen ja väittävät lasten pelastuvan ilman kastetta.

Augsburgin tunnustus

Meidän on lopuksi tiedettävä, mitä kastaminen merkitsee ja miksi Jumala on määrännyt siihen sak- ramenttiin, jossa meidät aluksi otetaan kristikunnan yhteyteen, juuri tällaisen ulkonaisen merkin ja menet- telyn. Kasteessa tehdään eli menetellään näin: meidät upotetaan veteen niin, että se peittää meidät kokonaan, ja sitten meidät nostetaan sieltä ylös. Nämä kaksi tilaa, veden alle uppoaminen ja sieltä ylösnouseminen, osoittavat, mitä kasteessa tapahtuu ja mitä se vaikuttaa. Juuri siinä vanha ihminen surmataan ja sen jälkeen nousee ylös uusi ihminen. Näiden kahden tapahtuman on jatkuttava meissä läpi koko elämämme. Eihän kris- tillinen elämä oikeastaan mitään muuta olekaan kuin yhtä jokapäiväistä kastetta, joka on kerran alkanut ja jatkuu alati. Luther: Iso katekismus

Suomen Anglikaaninen kirkko

Kaste välittää Jumalan armon ja tekee meistä hänen lapsiaan. Hän lunastaa siinä meidät omakseen. Kaste liittää meidät Kristuksen kirkkoon.

Suomen ortodoksinen kirkko

Nimenanto ja kaste ovat kaksi eri asiaa, vaikka nimenanto usein toimitetaankin kasteen yhteydessä.

Valmistavien osien jälkeen siirrytään itse kasteeseen. Toimitus alkaa alkusiunauksella, joka on sama kuin liturgiassa. Ennen alkusiunausta pappi sytyttää kynttilät ja antaa ne kummeille.

Pappi pyhittää kasteveden ja siunaa öljyn.

Kaste tapahtuu upottamalla tai – kuten nykyään useimmiten – valelemalla kolmesti Isän, Pojan ja Pyhän Hengen nimeen.

Kasteen jälkeen kastettava puetaan valkoiseen kastepukuun, ja hänen kaulaansa asetetaan kasteristi merkiksi Kristuksen sanoista: *"Joka tahtoo kulkea minun jäljessäni, hän kieltäköön itsensä, ottakoon ristinsä ja seuratkoon minua."* (Matt 16:24).

Voitelu mirhaöljyllä (mirhallavoitelun sakramentti) tapahtuu välittömästi kasteen jälkeen. Pappi voitelee mirhalla ristinmerkin kastetun otsaan, silmiin, sieraimiin, suuhun, molempiin korviin, rintaan, käsiin ja jalkoihin.

Tämän jälkeen kasteastia kierretään kolmesti. Sen jälkeen luetaan epistola ja evankeliumi, jotka sitovat kastetoimituksen apostoli Paavalin kasteopetukseen ja Matteuksen evankeliumin loppuun sisältyvään kastekäskyyn.

Hiusten leikkauksen myötä kastettava alistuu Kristuksen johdatettavaksi, palvelijaksi tai orjaksi.

Lapsen kirkottaminen eli kirkon jäseneksi ottaminen toimitetaan kasteen jälkeen. Kirkottamisen merkitys korostuu tänä päivänä, jolloin kaste harvoin toimitetaan liturgian yhteydessä.

Perinteen mukaan kirkottaminen tapahtuu 40. päivänä lapsen syntymästä. Käytännössä tämä tarkoittaa, että lapsi kastetaan noin kahden kuukauden ikäisenä.

Meidät on kastettu Kristuksen kuolemaan, mutta me olemme myös osalliset Hänen elämästään. Ortodoksinen kaste on alkuaan koettu Pääsiäisen mysteerioksi ja Pääsiäinen oli ennen muuta kastejuhla. Kaste on Kristuksen ylösnousemuksen lahja.

Katolinen kirkko

Kaste vietetään Isän ja Pojan ja Pyhän Hengen nimeen. Se annetaan mahdollisimman pian syntymän jälkeen. Kasteessa ihminen puhdistuu perisynnistä, saa kaikki syntinsä anteeksi ja tulee Jumalan lapseksi. Kasteen jälkeen perisynnistä jää ihmiseen jäljelle vain ns. konkupiskentia, taipumus pahaan, mutta se ei vielä tee ihmistä syntiseksi; vain uudet tehdyt synnit ovat sen jälkeen ihmisen omalla vastuulla.

Ehtoollinen

Kirkoissa nautitaan yleisesti ehtoollista. Mikä on
ehtoollisen tarkoitus ja merkitys?

Myöhempien Aikojen Pyhien Jeesuksen Kristuksen Kirkko

Myöhempien aikojen pyhille ehtoollisesta käytetään
nimitystä sakramentti, jolla tarkoitetaan toimitusta,
jossa nautitaan leipää ja vettä Kristuksen sovitusuhrin
muistoksi. Murrettu leipä edustaa Hänen murrettua
lihaansa; vesi edustaa verta, joka vuodatettiin meidän
syntiemme sovitukseksi. Kun kelvolliset kirkon jäsenet
nauttivat sakramentin, he lupaavat ottaa Kristuksen
nimen päällensä, muistaa Hänet aina ja pitää Hänen
käskynsä. Kirkon jäsenet uudistavat tässä toimituk-
sessa kasteenliittonsa.

Jehovantodistajat

Jehovantodistajat eivät vastaa kysymykseen.

Suomen Helluntaikirkko

Helluntaiseurakunnissa ehtoollinen nähdään muistoa-
teriana, sillä sen kautta meille avautuu aina uudestaan
sekä Jeesuksen kuoleman että hänen ylösnousemuk-
sensa todellisuus. Ehtoollista vietetään myös yhteys-
ateriana, koska siinä saamme kokea elävää yhteyttä
ylösnousseen Herran ja hänen seurakuntansa kanssa.
Näin ollen ehtoollinen ei ole pelkästään muistoateria,
vaan Kristus on siinä läsnä todellisesti uskon kautta.

Kristuksen läsnäolon tarkkaa muotoa ei kuitenkaan
ole määritelty, koska kyse on ihmiselle salatusta Pyhän
Hengen vaikutuksesta. Jumalan pelastustyön näkyvinä
aineellisina merkkeinä leipä ja viini edustavat Kristuksen ruumista ja verta. Näin ne vakuuttavat Golgatan
työn täydellisestä riittävyydestä. Apostoli Paavalin
käyttämät ilmaisut "Herran malja" ja "Herran pöytä"
kertovat ehtoollisen lahjaluonteesta ja pyhyydestä.

Suomen Vapaakirkko

Vapaakirkolliselle liikkeelle ehtoollinen on pyhä
kokoontuminen. Ehtoollisen vietossa on kristillisen
seurakunnan ydin. Ehtoollinen on yhteysateria sekä
Kristuksen että seurakunnan kanssa.

Erityisesti painotetaan osallisuuden merkitystä:

*"Eikö malja, jonka me siunaamme, ole yhteys Kristuksen vereen? Ja eikö leipä, jonka me murramme, ole
yhteys Kristuksen ruumiiseen? Leipä on yksi, ja niin
mekin olemme yksi ruumis, vaikka meitä on monta,
sillä tulemme kaikki osallisiksi tuosta yhdestä leivästä"*
(1. Kor. 10:16, 17). Ehtoollinen onkin ylösnousseen Kristuksen
läsnäolon juhla.

Kysymys ei ole vain ihmisten ylläpitämästä muiston
vaalimisesta, vaan elävästä tapahtumasta, jossa uskova
kohtaa Vapahtajansa.

Ehtoollista ei käsitetä armon välikappaleeksi, vaan
armon julistajaksi ja vahvistajaksi. Ehtoollinen ei myöskään välitä syntien anteeksiantamusta ellei uskova ole
sydämessään valmis sitä vastaanottamaan.

Ehtoollinen on *"uuden liiton"* juhla, liiton, jonka

Jumala tekee syntisen ihmisen kanssa Kristuksen sovitustyön tähden. Ehtoollisesta muodostuu armoa ikävöivien ihmisten pyhä ruokapöytä. Ehtoollinen on Herran pöytä, jossa Jeesus itse palvelee ihmistä.

Vapaakirkossa ehtoollinen on avoin kaikille, jotka sydämessään uskovat Jeesukseen Vapahtajanaan. Seurakunnan jäsenyys ei ole määräävä tekijä, ja siten muidenkin seurakuntien jäsenet voivat halutessaan ottaa osaa Vapaakirkon seurakunnassa järjestettävään ehtoolliseen.

Suomen Metodistikirkko

Ehtoollisessa muistamme osaksemme koitunutta Kristuksen sovitus- ja lunastustyötä. Vahvistumme uskossa syntien anteeksiantamukseen.

Kristus antaa ruumiinsa ja verensä leivässä ja viinissä kaikille, jotka nauttivat sakramentin. Opetamme Kristuksen todellista läsnäoloa ehtoollisessa, mutta ymmärrämme sen hengellisellä tavalla.

Suomen Baptistikirkko

Ehtoollinen on symboli, jota vietetään Jeesuksen kuoleman muistoksi. Siinä seurakunta kokee yhteenkuuluvaisuuden Kristuksen kanssa vertauskuvallisesti ja julistaa hänen kuolemaansa. Leipä ja viini ovat osallisuus Kristukseen.

Pelastusarmeija

Ehtoollisesta luopumista perustellaan sillä, että

Uudesta testamentista ei löydetä varsinaista ehtoollisen viettoa vaan alkuseurakunta kokoontui yhteisille rakkauden aterioille, jotka olivat todellisia aterioita. Ehtoollista ei myöskään pidetä pelastumisen edellytyksenä ja armeija haluaa myös tässä suhteessa välttää kaikenlaisia aihetta koskevia oppiriitoja.

Lapsivihkimys, jossa vanhemmat osoittavat, että he jättävät lapsensa Jumalan huolenpitoon ja että he sitoutuvat olemaan kristityn esikuvina ja että he tekevät kaikkensa, jotta lapsi kasvaisi kristillisessä vaikutuspiirissä. Samalla seurakuntaa kehotetaan ottamaan vastuuta kasvavasta sukupolvesta.

Sotilasvihkimys, jossa alokas lukee ääneen ja allekirjoittaa virallisen sitoumuksen ja esittää protestin maailman huveja vastaan sekä velvoittaa kuuliaisuuteen Jumalan johtamalle armeijalle ja luettelee sen yksitoista opinkappaletta. Uskonnot.fi

Suomen Adventtikirkko

Useimmissa adventtikirkoissa pidetään ehtoollisjuma lanpalvelus kerran kolmessa kuukaudessa. Leipä ja viini (alkoholiton) jaetaan osallistujille penkkeihin. Adventtikirkossa on avoin ehtoollinen, eikä ehtoolliseen osallistuminen edellytä kirkon jäsenyyttä.

Poikkeavaa adventtikirkon ehtoollistilaisuuksissa on mahdollisuus jalkojen pesuun. Taustalla on Jeesuksen ensimmäisen ehtoollisen yhteydessä opetuslapsille antama kehotus palvella ja pestä toisten jalat (Joh. 13:12-15). Yleensä ehtoollisjumalanpalveluksessa on lyhyt tauko jalkojen pesua varten ennen ehtoollisen nauttimista. Osallistuminen on vapaaehtoista.

Suomen evankelis-luterilainen kirkko

Herramme Jeesus Kristus, sinä yönä, jona hänet
kavallettiin, otti leivän, kiitti ja mursi ja antoi opetus-
lapsilleen ja sanoi: *"Ottakaa ja syökää, tämä on minun
ruumiini, joka teidän edestänne annetaan. Tehkää se
minun muistokseni."* Luther: Iso Katekismus

Me tunnustamme sen käsityksemme, että Kristuk-
sen ruumis ja veri ovat Herran ehtoollisessa todelli-
sesti ja olemuksellisesti läsnä ja että ne todellisesti
tarjotaan näkyvien aineiden, leivän ja viinin mukana
niille, jotka sakramentin vastaanottavat. Tätä käsitystä
me asiaa tunnollisesti tutkittuamme ja selviteltyämme
puolustamme järkähtämättömästi.
Augsburgin tunnustuksen X puolustus

Suomen Anglikaaninen kirkko

Ehtoollinen välittää Jumalan armon. Se on mysteeri,
josta voimme sanoa vain sen minkä Jeesus meille
opetti; tämä on minun ruumiini ja vereni.

Suomen ortodoksinen kirkko

"Tehkää tämä minun muistolleni" -liturgia on ortodok-
sisen kirkon keskeisin jumalanpalvelus. Seurakunnissa
se on viikon kohokohta ja juhlistaa lisäksi kirkkovuo-
den suuria juhlia. Papiston ja seurakuntalaisten har-
taimmat hetket ovat nimenomaan liturgiat.

Raamatusta löydämme helposti perustan ehtoollis-
viettoomme:

Herra Jeesus sinä yönä, jona hänet kavallettiin, otti

leivän, kiitti Jumalaa, mursi leivän ja sanoi:
*"Tämä on minun ruumiini, joka annetaan teidän
puolestanne. Tehkää tämä minun muistokseni."*
Samoin hän otti aterian jälkeen maljan ja sanoi:
*"Tämä malja on uusi liitto minun veressäni. Niin
usein kuin siitä juotte, tehkää se minun muistokseni."*
Ehtoolliseen ortodoksit voivat osallistua liturgiassa
ja sairaan ripityksessä. Ehtoolliseen tulisi mieluiten
osallistua vähintään kerran kuukaudessa, mutta mie-
luiten joka kerta liturgiaan osallistuessa ja ehtoolliseen
valmistautuneena. Ehtoollinen merkitsee ortodoksille
yhteyttä Kristuksen kanssa.

Ehtoollisessa käytetty leipä on hapatetusta vaa-
leasta leivästä valmistettu pieni kirkkoleipä eli pros-
fora tai proskura. Kirkon alkuaikoina kirkkoleipinä
käytettiin kirkkokansan liturgiaan tuomia leipiä, mutta
nykyään ne leivotaan erikseen. Kirkkoviininä käytetään
aina rypäleistä valmistettua viiniä.

Liturgian keskeisimmässä osassa, anaforassa,
ehtoollislahjat kannetaan esiin ja ne muuttuvat Pyhän
Hengen vaikutuksesta Kristuksen ruumiiksi ja vereksi,
joka jaetaan Ehtoolliseen valmistautuneille ortodok-
seille. Ortodoksisen uskon mukaan ne eivät symbolisoi
ruumista ja verta, vaan ne muuttuvat Kristuksen Ruu-
miiksi ja Vereksi, kuten Kristus itse sanoi.

Eukaristia on Kirkon elämän keskus.

Ortodoksisessa kirkossa sakramenttien määräksi
on vakiintunut seitsemän. Ne ovat: Ehtoollinen, kaste,
mirhallavoitelu, avioliitto, pappeus, sairaanvoitelu ja
katumuksen sakramentti.

Katolinen kirkko

Eukaristia on *"koko kristillisen elämän lähde ja huippu"*, ja siksi eukaristiaa vietetään katolisessa kirkossa päivittäin. Sen lisäksi tabernaakkelissa säilytettävää eukaristista Kristusta palvotaan ja rukoillaan myös pyhän messun ulkopuolella juhlallisesti esilletuotuna tai vaatimattoman hiljaisuuden ilmapiirissä. Tässä ilmenee katolinen usko Kristuksen todelliseen läsnäoloon eukaristiassa: pätevästi vihityn papin Kristuksen persoonassa tapahtuvan toiminnan kautta leivän ja viinin olemus — ei ulkomuoto — muuttuu todellisesti ja pysyvästi Kristuksen ruumiiksi ja vereksi.

Kun katolilainen ottaa vastaan pyhän kommuunion, hän tietää, ettei kysymys ole vain muistosta tai symbolista, vaan elävästä Kristuksesta, joka ihmeellisellä, salatulla tavalla antaa itsensä hänelle ravinnoksi. Jeesus astuu sisälle häneen ja ravitsee hänen sielunsa jumalallisella armolla. Se on osallistumista Jumalan iankaikkiseen elämään mahdollisimman intiimillä tavalla.

Kristuksen vastaanottaminen eukaristiassa edellyttää jokaiselta katolilaiselta niin sanottua armon tilaa. Keskeistä tässä on se, ettei hänellä voi olla tunnollaan anteeksisaamattomia vakavia syntejä eikä hän toisaalta voi elää sellaisessa pysyvässä tilanteessa, että sakramentin vastaanottaminen olisi mahdotonta, esimerkiksi kirkon silmissä pätevän avioliiton ulkopuolisessa suhteessa.

Kirkon opetuksen mukaan eläminen ei ole mahdotonta. Siitä todistavat lukemattomat esimerkit. Joskus me kuitenkin epäonnistumme tavoitteissamme, ajaudumme vääränlaisiin tilanteisiin tai kieltäydymme tyystin hyväksymästä Jumalan tahtoa jossakin tärkeässä asiassa. Tällaisessa tilanteessa katolilainen tietää, ettei hänen ole hyvä ottaa vastaan kommuuniota. Ensin on tehtävä sovinto Jumalan kanssa parannuksen sakramentissa. Sillä *"se, joka arvottomalla tavalla syö tätä leipää ja juo Herran maljasta, tekee syntiä Herran ruumista ja verta vastaan"*. (1. Kor. 11:27)

Ei-katolilaisen osallistuminen kommuuniolle on mahdollista vain poikkeustapauksissa. Olennaista on, että kommuunion vastaanottaminen edellyttää kirkon eukaristisen opetuksen hyväksymistä ja tunnustamista sekä sitä, että oma elämäntilanne on sellainen, että katolilaisenakin olisi kelvollinen osallistumaan eukaristiaan.

Kirkko edellyttää, että uskovat käyvät kommuu niolla vähintään kerran vuodessa, mieluiten pääsiäisaikana.

Pappeus

Kaikissa kirkoissa on pappeja. Toisissa myös naiset voivat toimia pappina toisissa vain miehet. Mitä pappeus tarkoittaa?

Myöhempien Aikojen Pyhien Jeesuksen Kristuksen Kirkko

Pappeus on ihmiselle annettu Jumalan voima, jolla ihminen voi toimia Jumalan nimessä Hänen lastensa pelastukseksi. Pappeuden voima siunaa meitä kaikkia. Voidakseen käyttää valtuutta Herran kirkossa ihmisen täytyy olla Jumalan kutsuma profetian kautta ja niiden kätten päällepanemisella, joilla on toimivalta.

Pappeuden avaimet ovat Jumalan pappeudenhaltijoille antama valtuus johtaa, valvoa ja hallita Hänen pappeutensa käyttöä maan päällä. Kirkon presidentillä ja apostoleilla on kaikki pappeuden avaimet. Kirkon presidentti antaa pappeuden avaimia muille pappeusjohtajille, niin että he voivat johtaa heille kuuluvilla vastuualueilla. Pappeudenhaltijaksi pappeuden virkaan voidaan asettaa vain kelvollinen miespuolinen kirkon jäsen.

Pappeuden avaimilla johdetaan yhtä lailla naisia kuin miehiä, ja pappeuden pelastavat toimitukset ja pappeuden valtuus koskevat yhtä lailla naisia kuin miehiä. Pappeudenhaltijat voidaan valtuuttaa suoritta maan pelastavia toimituksia ja hallitsemaan Jumalan valtakuntaa maan päällä. Tämän lisäksi kaikki kirkon jäsenet – myös naiset – jotka toimivat kirkon tehtävissä, toimivat pappeuden valtuudella. Valtuuden antaa valtuutettu pappeudenhaltija kätten päällepanemisella.

Jehovantodistajat

Jehovan todistajat jäljittelevät ensimmäisen vuosisadan kristittyjen mallia, eikä keskuudessamme ole jakoa pappeihin ja maallikoihin. Kaikki kastetut jäsenet ovat virkaan asetettuja sananpalvelijoita, jotka osallistuvat julistus- ja opetustyöhön. Todistajat on jaettu noin sadan hengen seurakunniksi. Jokaisessa seurakunnassa on hengellisesti kypsiä miehiä, jotka palvelevat vanhimpina. He tekevät työtään palkatta.

Suomen Helluntaikirkko

Helluntaiseurakunnissa uskotaan yleiseen pappeuteen, jokaisen Jeesukseen uskovan ihmisen papilliseen palvelutehtävään. Siksi valtaosa seurakuntien toiminnasta tapahtuu vapaaehtoisesti oman toimensa ohella palvelevien voimin. Helluntaiseurakunnissa on myös hengelliseen virkaan asetettuja henkilöitä, joita kutsutaan pastoreiksi.

Suomen Vapaakirkko

Vapaakirkollisuuteen kuuluu luovuttamattomasti yleinen pappeus. Jokainen kristitty on kutsuttu ja asetettu palvelemaan Jumalaa omien kykyjensä ja Pyhän Hengen antamien erilaisten lahjojen avulla. Seurakunnissa ei ole mitään sellaista tehtävää tai palvelua, jota ei kuka tahansa seurakuntalainen voisi tehdä saatuaan asiaan kuuluvaa opetusta ja ohjausta. Esimerkiksi ehtoollispöydän siunaaminen tapahtuu yleisimmin ns. maallikoiden toimesta ja leivän ja viinin jakaminen seurakuntalaisten kesken kädestä toiseen. Saarnaaminen ja yleisten puheiden pitäminen tai julkinen rukoileminen voi tapahtua seurakuntalaisten toimesta. Erilaiset palvelutehtävät perustuvat henkilökohtaiseen kokemukseen Jumalan kutsusta, lahjoihin ja kykyihin, sekä niiden tunnistamiseen seurakunnan keskuudessa.

Vapaakirkon seurakuntia johtavat niiden vanhimmistot. Vanhimmistojen jäseninä voivat toimia seurakunnan varsinaiset jäsenet. Valinnan tekee seurakunnankokous, jossa jokaisella jäsenellä on puhe- ja äänioikeus.

Seurakunnat ovat lisäksi päättäneet antaa niiden yhdessä valitsemalle Vapaakirkon hallitukselle oikeuden myöntää valtakirjoja seurakuntatyöntekijän,

nuorisotyöntekijän, lähetystyöntekijän ja pastorin teh-
täviin. Valtakirjojen edellytykset on yhdessä päätetty
niin opintojen kuin käytännön työkokemuksen osalta.
Seurakuntien työntekijöiltä ja pastoreilta edellytetään
valtakirjaa. Valtakirjoja myönnetään niin miehille kuin
naisille.

Suomen Metodistikirkko

Papin tehtävänä on ennen muuta sanan saarnaaminen
ja kasteen ja ehtoollisen sakramenttien toimittaminen.

Vihittyjen vanhimpien lisäksi papillisia tehtäviä voi
osaksi hoitaa paikallispastori, joka saa oikeuden hoitaa
seurakuntaa vuodeksi kerrallaan.

Opetamme kristittyjen "yleistä pappeutta" ja teh-
tävään vihittyjen "erityistä pappeutta". Papin tehtäviin
kuuluu myös sielunhoito ja seurakunnan johtaminen.

Naiset ovat voineet toimia pappeina vuodesta 1956
lähtien.

Lisäksi kokonaista piispanaluetta johtamaan vali-
taan piispa papiksi vihittyjen joukosta.

Suomen Baptistikirkko

Baptisteille on ominaista kaikkien uskovien yleinen
pappeus. Seurakuntaa johtavat vanhimmat. Seurakun-
nilla voi olla myös palkattu pastori. Ehtoollisen voi
asettaa tai kasteen suorittaa myös seurakunnan "rivijä-
sen", jolle vanhimmisto on luvan antanut.

Pelastusarmeija

Pelastusarmeija ei vastaa kysymykseen.

Suomen Adventtikirkko

Adventtikirkko korostaa kaikkien uskovien yleistä pappeutta, joka koskee niin miehiä kuin naisiakin. Ylipappi on, niin kuin Uusi testamentti opettaa, itse Jeesus Kristus.

Adventtikirkko ei tällä hetkellä vihi naisia pastoreiksi. Kirkon naispastorit asetetaan virkaan esirukouksella mutta joitakin rajoituksia lukuun ottamatta heillä on samat valtuudet kuin vihityillä miespuolisilla kollegoillaan.

Pastoriksi vihkimisen merkityksestä ja naisten pastoriksi vihkimisestä on adventtikirkoissa keskusteltu pitkään. Käytännön muuttaminen edellyttää kirkon yleiskokouksen päätöstä.

Suomen evankelis-luterilainen kirkko

Kirkko ei vastaa kysymykseen.

Suomen Anglikaaninen kirkko

Englannin kirkko hyväksyy naispappeuden ja tunnustaa muiden kirkkojen naisiksi vihityt piispat. Englannin kirkossa naisten piispuus ei ole tällä hetkellä mahdollista, mutta Kirkolliskokous on asettanut aikataulun, jonka toteutuessa piispanvirka avautuu naisille vuonna 2015.

Suomen ortodoksinen kirkko

Herrallamme Jeesuksella Kristuksella oli paljon seuraa-
jia ja oppilaita, miehiä ja naisia. Näistä kahdelletoista
hän antoi erityisen vallan ja lähetti heidät ihmisten
pariin julistamaan evankeliumia, toimittamaan mystee-
rioita eli sakramentteja sekä toimimaan perustamiensa
kirkkojen johtajina.

Tämä on se erityinen palvelutehtävä, jonka Her-
ramme antoi pyhille apostoleilleen ja jonka apostolit
välittivät edelleen pappeuteen kutsutuille.

Pappeus on mysteerio, jossa piispan kättenpäällepa-
nemisen kautta vihittävä saa Pyhän Hengen armolah-
jan ja oikeuden toimittaa pyhiä mysteerioita ja pai-
mentaa laumaansa, siis kristittyjä. Vihittyjä papiston
jäseniä kutsutaan kleerikoiksi (kleerus, kr. kleros, arpa,
osa, perintöosuus, papisto), sillä heidät on kutsuttu ja
valittu kirkkoyhteisön, seurakunnan palvelukseen.

Pappeudessa on kolme astetta, piispan, papin ja
diakonin palvelustehtävät. Piispan tärkein tehtävä on
apostolien seuraajana vihkiä pappeja ja diakoneja sekä
synodiin kokoontuneiden toisten piispojen kanssa
vihkiä uusia piispoja. Piispan tehtäviin kuuluu myös
toimittaa kaikkia mysteerioita, opettaa Jumalan sanaa
sekä johtaa hiippakuntansa ihmisten sieluja kohti
pelastusta.

Kolmiasteisen varsinaisen pappeuden lisäksi on
olemassa ns. alempi papisto. Alempaan papistoon kuu-
luu nykyään lukijat ja alidiakonit. Alempi papisto ei ole
vielä varsinaisesti osallinen pappeuden armolahjasta
tai pappeuden sakramentista.

Ortodoksisessa kirkossa pappeus on rajautunut miehiin, sillä pyhä traditio ei tunne naispappeja.

Katolinen kirkko

Katolisessa kirkossa pappeuden sakramentti voidaan jakaa vain miehille. Näin kirkko seuraa Jeesuksen itsensä antamaa esimerkkiä ja apostolista perintöä. Lisäksi pappeuden luonteeseen kuuluu se, että pappi viettää sakramentteja Kristuksen persoonassa.

Pappeudessa on kolme astetta: diakonaatti, pappeus ja piispuus. Palveluviran täyteys on piispoilla, apostolien seuraajilla.

Vihityt palvelijat toimittavat palveluvirkaansa Jumalan kansan hyväksi opettamisella (munus docendi), jumalanpalveluksella (munus liturgicum) ja pastoraalisella johtajuudella (munus regendi).

Suurimmassa osassa katolista kirkkoa seurataan latinalaista riitusta. Siihen kuuluvat papit ovat pääsääntöisesti naimattomia. Pysyvään diakonin virkaan samoin kuin papiksi monissa muissa kirkon riituksissa voidaan vihkiä myös naimisissa olevia miehiä.

YLEISTÄ

Tässä on tilaisuus esitellä kirkkoa ja sen ainutkertaisia ominaisuuksia. Mitä muuta haluaisitte kertoa?

Myöhempien Aikojen Pyhien Jeesuksen Kristuksen Kirkko

Uskonkappaleet eli kolmetoista perusasiaa, joihin

Myöhempien Aikojen Pyhien Jeesuksen Kristuksen Kirkon jäsenet uskovat:

1 Me uskomme Jumalaan, iankaikkiseen Isään, ja hänen Poikaansa, Jeesukseen Kristukseen, ja Pyhään Henkeen.

2 Me uskomme, että ihmiset saavat rangaistuksen omista synneistään eivätkä Aadamin rikkomuksesta.

3 Me uskomme, että koko ihmissuku voi pelastua Kristuksen sovituksen ansiosta noudattamalla evankeliumin lakeja ja toimituksia.

4 Me uskomme, että evankeliumin ensimmäiset periaatteet ja toimitukset ovat ensimmäiseksi, usko Herraan Jeesukseen Kristukseen; toiseksi, parannus; kolmanneksi, upotuskaste syntien anteeksisaamiseksi; neljänneksi, kätten päällepaneminen Pyhän Hengen lahjan saamiseksi.

5 Me uskomme, että saarnatakseen evankeliumia ja suorittaakseen sen toimituksia miehen täytyy olla Jumalan kutsuma profetian kautta ja niiden kätten päällepanemisella, joilla on toimivalta.

6 Me uskomme samaan järjestykseen, joka oli alkukirkossa, nimittäin apostoleihin, profeettoihin, paimeniin, opettajiin, evankelistoihin ja niin edelleen.

7 Me uskomme kielillä puhumisen, profetian, ilmoituksen, näkyjen, parantamisen, kielten tulkitsemisen ja niin edelleen lahjaan.

8 Me uskomme, että Raamattu on Jumalan sanaa, sikäli kuin se on oikein käännetty; me uskomme myös, että Mormonin kirja on Jumalan sanaa.

9 Me uskomme kaiken, mitä Jumala on ilmoittanut,

kaiken, mitä hän nykyään ilmoittaa, ja me uskomme, että hän ilmoittaa vielä monia suuria ja tärkeitä Jumalan valtakuntaa koskevia asioita.

10 Me uskomme Israelin todelliseen kokoamiseen ja kymmenen heimon palauttamiseen, että Siion (Uusi-Jerusalem) rakennetaan Amerikan mantereelle, että Kristus tulee hallitsemaan henkilökohtaisesti maan päällä ja että maa uudistetaan ja se saa paratiisillisen kirkkautensa.

11 Me vaadimme oikeutta palvella kaikkivaltiasta Jumalaa oman omantuntomme vaatimusten mukaan ja sallimme kaikille ihmisille saman oikeuden, palvelivatpa he miten, missä tai mitä tahansa.

12 Me uskomme, että kuninkaille, presidenteille, hallitsijoille ja hallitusmiehille tulee olla alamainen ja että tulee noudattaa, kunnioittaa ja ylläpitää lakia.

13 Me uskomme, että tulee olla vilpitön, uskollinen, siveellinen, hyväntahtoinen ja hyveellinen ja että tulee tehdä hyvää kaikille ihmisille; tosiaankin, voimme sanoa seuraavamme Paavalin kehotusta — me uskomme kaikessa, me toivomme kaikessa, me olemme kestäneet paljon ja toivomme voivamme kestää kaiken. Jos on jotakin hyveellistä, rakastettavaa tai hyvältä kuuluvaa tai kiitettävää, sitä me etsimme.

Jehovantodistajat

Jehovan todistajia on suomessa 19 094 jäsentä vuonna 2012.

Suomen Helluntaikirkko

Kirkko ei vastaa kysymykseen.

Suomen Vapaakirkko

Vapaakirkollisuus oli alun perin vaihtoehto valtion kirkolle. Vaikka valtiokirkkojärjestelmä on Suomessa päättynyt, edustaa vapaakirkollisuus edelleen vaihtoehtoa kansankirkolle. Vapaaseurakunnan jäsenyys edellyttää liittyjän omaa harkintaa ja valintaa, ja perustuu henkilökohtaiseen sydämen uskoon Jeesukseen. Seurakunnat ovat itsenäisiä ja vastaavat toiminnastaan ja sen rahoituksesta itse. Veroja tai jäsenmaksuja ei kerätä, mutta jokainen jäsen ja toimintaan osallistuva voi tukea toimintaa myös taloudellisesti.

Koska jäsenyys perustuu omaan harkintaan ja tahtoon, on seurakuntalaisten aktiivisuus ja osallistuminen merkittävää. Palkattua henkilökuntaa on verrattain vähän. Suurin osa toiminnasta tapahtuu vapaaehtoispohjalta. Siksi se on jäsentensä näköistä ja vastaa niihin tarpeisiin, joita ihmisillä on.

(Tähän voisi toki lainata vaikka kokonaankin kirjoituksen, joka on nettivisulla otsikon Vapaakirkko -> yleisesittely alla.)

Suomen Metodistikirkko

Suomessa on kaksi rekisteröityä metodistista uskonnollista yhdyskuntaa (kielen perusteella). Ne kuuluvat kuitenkin samaan piispanalueeseen The United Methodist Church -kirkossa. Jäseneksi tullaan vastaamalla jäsenyyskysymyksiin seurakunnan jumalanpalveluksessa. Metodisteja on Suomessa noin 2000.

Suomen Baptistikirkko

Baptistikirkon toiminta on avointa. Seurakuntia on 14 ja myös yksi burmalainen kareeni seurakunta ja venäjänkielinen seurakunta. Tietoa toiminnasta ja seurakunnista löytyy kotisivulta: www.baptisti.fi.

Pelastusarmeija

Pelastusarmeija ei vastaa kysymykseen.

Suomen Adventtikirkko

Adventistit pitävät kaikkia vilpittömästi Jumalaan, Kristukseen ja Sanaan uskovia kristittyjä pelastettuina Jumalan lapsina. Oman kirkkonsa roolina adventistit näkevät haastaa ihmisiä ja valmistaa heitä Kristuksen takaisintulolle. Poikkeava lepopäivä ja terveyttä ja raittiutta korostava elämäntapa voivat jossakin tilanteessa vaikuttaa erottavilta tekijöiltä, mutta kaiken ytimenä on kaikille kristityille yhteinen uskon antama toivo ja Jumalan armon riittävyys, jotka yksin voivat tarjota elämään syvintä mahdollista iloa ja rauhaa.

Adventtikirkon jumalanpalvelukset ovat rauhallisia ja pohdiskelevia. Osana jumalanpalvelusta on Raamatun tutkistelu, johon yleisökin voi halutessaan osallistua. Useimmat adventistit arvostavatkin tätä harkitsevaa ja ymmärrykseen vetoavaa suhtautumista uskoon. Monet arvostavat myös kirkon demokraattista toimintamallia, joka on tehnyt mahdolliseksi kirkon laajan kansainvälisen lähetys-, avustus-, kehitysapu-, sairaala- ja kasvatustyön.

Suomen evankelis-luterilainen kirkko

Kirkko ei vastaa kysymykseen.

Suomen Anglikaaninen kirkko

Kirkon jäseneksi tullaan kasteen kautta. Muiden kirkkojen jäsenet ovat tervetulleita osallistumaan seurakuntien toimintaan. Kirkolla ei ole varsinaista jäsenyyttä jäsenrekisterin muodossa. Seurakunnan toimintaan säännöllisesti osallistuvat voivat ilmoittautua äänestysluetteloon, johon merkityillä on oikeus äänestää ja asettua ehdolle vaaleissa.

Suomen ortodoksinen kirkko

Kirkko ei vastaa.

Katolinen kirkko

Mikäli toisessa kirkkokunnassa kasteen saanut kristitty tahtoo omasta tahdostaan liittyä katoliseen kirkkoon, hän voi ottaa yhteyttä sen katolisen seurakunnan kirkkoherraan, jonka alueella hän asuu. Jos keskustelun perusteella näyttää olevan aihetta jatkaa eteenpäin, alkaa tavallisesti noin vuoden kestävä tutustumisaika.

Tutustumisajan tarkoituksena on, että katolisesta kirkosta kiinnostunut perehtyy kirkon, erityisesti oman seurakunnan ja hiippakunnan, elämään siihen osallistumalla ja samalla hankkii tarvittavia perustietoja katolisesta uskon- ja elämännäkemyksestä. Joillakin paikkakunnilla tämä tietojen hankkiminen tapahtuu lukuvuoden kestävällä kurssilla, jolle voi osallistua myös ilman varmaa aikomusta liittyä katoliseen kirkkoon.

Tutustumisvuoden jälkeen kirkosta kiinnostunut voi ratkaista, tahtooko hän päästä kirkon jäseneksi. Kirkkoherra esittelee asian piispalle, joka ottaa uuden jäsenen kirkon täyteen yhteyteen ja jakaa hänelle tavallisesti samalla vahvistuksen sakramentin.

Jos kastamaton aikuinen tai nuori aikuinen tahtoo tulla kristityksi ja katolisen kirkon jäseneksi, hän voi ottaa yhteyttä sen katolisen seurakunnan kirkkoherraan, jonka alueella hän asuu. Kirkkoherra neuvoo, miten kasteopetus eli katekumenaatti kussakin tapauksessa järjestetään. Mikäli mahdollista, aikuinen kastetaan tavallisesti pääsiäisyön vigiliassa, jonka yhteydessä hän saa myös vahvistuksen sakramentin sekä ensimmäistä kertaa pyhän kommuunion.

Katolinen kirkko Suomessa koostuu vain yhdestä eli Helsingin hiippakunnasta. Siinä oli vuoden 2014 alussa noin 13.000 rekisteröityä jäsentä, seitsemän seurakuntaa ja noin 23 pappia. Hiippakunnan piispana on toiminut vuodesta 2009 alkaen suomalainen piispa Teemu Sippo SCJ.

Kirkko aloitti järjestelmällisen toimintansa Suomessa jo 1100-luvulla, jolloin piispa Henrik tuli maahamme. Katolinen aika kesti aina reformaatioon saakka, jolloin katolisen uskon tunnustamisesta tuli ensin ei-toivottua ja lopulta rikollista. Kirkko palasi takaisin Suomeen virallisesti vuonna 1799, jolloin perustettiin Viipuriin Pyhän Hyacinthuksen seurakunta.

Lopuksi

Elämä on ihanaa! Jos ei ole niin miksi ei? Sitä kannattaa kysyä koska se on elämän tarkoitus.

Alussa tarkasteltiin vaihtoehtoja mutta päädytiin siihen, että Jumala on olemassa. Hänen tarkoituksensa ei voi olla muu kuin, että luodut iloitsevat elämästään. Vastoin yleistä suuntausta päätettiin liittyä kirkkoon. Jäljelle jäi valinnan vaikeus koska tarjonta on niin runsasta, että oikeaa totuutta edustavan kirkon löytäminen saattaa tuottaa päänvaivaa. Tämä kirja on laaditu helpottamaan valintaa.

Kysymys on myös uskonnon kuluttajansuojasta. Kirkkojen vastauksia tulee kuunnella kriittisesti. Tyydyttääkö vastaus ja onko se järkevä? Sillä kyllä Jumala, joka kaiken loi, on viisas ja järkevä.

Jumalan edustajana kirkon tehtävä on opettaa ihmisiä löytämään ilo ja tarkoitus elämäänsä jo tässä maailmassa, eikä vasta tulevassa paratiisissa.

Persoonallinen paha on olemassa. Tästä asiasta kaikki kirkot ovat yhtä mieltä, vaikka monissa muissa kysymyksissä onkin erilaisia näkemyksiä. Hänen tehtävänsä näyttäisi olevan Jumalan tahdon vastustaminen eli ihmisen ilon vähentäminen. Asiasta voi vakuuttua seuraamalla uutistarjontaa tai tutustumalla historiaan.

Maailmassa tapahtuu paljon asioita, jotka ovat ristiriidassa sen kanssa, että elämä olisi ihanaa. Se on niin tavallista, että sitä pidetään normaalina.

Jeesuksen Kristuksen evankeliumi (ilosanoma) tähtää siihen, että ihmisellä olisi ilo nyt ja tieto siitä miten elämä voisi jatkua ikuisesti siellä missä Jumala elää (pelastua).

Ehdoton enemmistö kirkoista kertoo, että ihminen elää tämän elämän jälkeen, on siis ikuinen olento. Sitten onkin näkemyksissä hajontaa kun kysytään millaista tuo elämä on.

Jos hyväksytään ajatus, että elämä on ikuista, niin silloin korostuu oikeiden valintojen teko tässä elämässä, jossa valintoja voidaan tehdä.

Tässä kuvitteellisessa tilanteessa, jossa ollaan liittymässä kristilliseen kirkkoon, olisi valittava monista vaihtoehdoita yksi hyvä, joka vaikuttaisi eniten todelta. Useampiin kirkkoihin ei voi liittyä, eikä se totuuden etsijälle olisi sopivaakaan.

Vastaukset edustavat kirkkojen virallista kantaa. Siksi niitä voi pitää hyvinä arvostelun lähtökohtina. Kirkot edellyttävät oikeita valintoja ihmiseltä, sama koskee kirkkoja kun ne ovat valitsijan (sinun) tuomiolla.

Oman intuitio on paras arvosteluperuste.

Voit arvioida kirkkoja kirjan lopussa olevan leikillisen taulukon avulla. Numeroarvosana ei ehkä ole oikea valintaperuste uskonnossa. Kysymys on kulttuurista ja siitä mitä sielu sanoo oikeaksi, mutta kyllä järkeäkin voi käyttää.

Ajatusten ja lainausten lähteitä

Suuri Luopumus: Tri James E. Talmage 1862 – 1933
Suom. LiisaUusitalo.

Ecclesiastical History: Tri Johan Lorenz von Mosheim 1693 – 1755
Göttingenin yliopiston kansleri, joka tunnetaan kirkkohistoriaa
käsittelevistä teoksistaan.

Eusebiuksen kirkkohistoria: Eusebius Kesarealainen oli pakanoiden
aiheuttamien kristittyjen vainojen ja kärsimysten silminnäkijä, hän
joutui itsekin niitä kokemaan. Eusebius oli Kesarean piispa Palestii-
nassa n.314. Eusebiusta pidetään kirkkohistorian isänä.
Suom. Ivar A. Heikel.

History of the Church of Christ: Pastori Joseph Milner 1744 – 1797
englantilainen kirkkohitorian asiantuntija.

History of the Intellectual Development of Europe: Tri J. W. Drap-
per 1811 - 1882 amerikkalainen tiedemies, filosofi, lääkäri, kemisti ja
historijoitsija.

Raamattu: Vuoden 1992 käännösversio.

Keisarillisen Rooman historia: Tacitus ei-kristitty historioitsija.
Suom. Iiro Kajanto.

Kirjeitä keisariajan Roomasta: Toimittanut Marja Itkonen-Kaila.

Rooman valtakunnan rappio ja tuho: Edward Gibbon 1737 – 1794
englantilainen historioitsija, jota pidetään yhtenä nykyaikaisen
historiankirjoituksen perustajista. Suomentanut Erkki Salo.

Kristillisen opin vaiheet: Tuomo Mannermaa.

Katolisen kirkon katekismus.

Kristinuskon historia 2000: Weilin & Göös 1999.

Silta 2 Kristinuskon historia: WSOYpro Oy 2010.

Noituus, taikuus ja noitavainot Suomessa – www15.uta.fi:
Marko Nenonen.

Otavan suuri ensyklopedia 1977.

Iso tietosanakirja 1934.

Wikipedia.

Ekumenia.fi.

Kaiken käsikirja: Esko Valtaoja tähtitieteen professori ja tunnettu agnostikko.

Luther: Sidottu ratkaisuvalta

Luterilaisten piispojen puheenvuoro: Rakkauden lahja

Evl.fi.

Uskonnot.fi

Arviointitaulukko.

Nyt on sinun vuorosi arvioida kirkkoja.

Anna kirkolle arvosana vastausten perusteella esim. 0 - 5.

	Myöhempien Aikijan Pyhien Jeesuksen Krisrtuksen Kirkko	Jehovantodistajat	Suomen Helluntaikirkko	Suomen Vapaakirkko	Suomen Metodistikirkko	Suomen Babtistikirkko	Pelsatusarmeija	Suomen evankelis luterilainen kirkko	Suomen Anglikaaninen kirkko	Suomen Ortodoksinen kirkko	Katolinen kirkko
Kirkon virallinen nimi											
Miten kirkkonne on perustettu?											
Kirkkonne perustamisajankohta?											
Mitkä ovat ne merkittävät asiat, joiden vuoksi kirkkonne on olemassa?											
Mitkä seikat ovat vain teidän kirkollenne ominaisia?											
Millainen Jumala on?											
Vastaako Jumala rukouksiin?											
Miten rukousvastaus ilmenee?											
Onko Jumalan toiminnalla tarkoitus?											
Antaako Jumala ihmisille ohjausta tänä päivänä?											
Miten Jumalan ohjaus ilmenee?											

	Myöhempien Aikijan Pyhien Jeesuksen Krisrtuksen Kirkko	Jehovantodistajat	Suomen Helluntaikirkko	Suomen Vapaakirkko	Suomen Metodistikirkko	Suomen Babtistikirkko	Pelsatusarmeija	Suomen evankelis-luterilainen kirkko	Suomen Anglikaaninen kirkko	Suomen Ortodoksinen kirkko	Katolinen kirkko
Onko ihmisellä maallista elämää aikaisempi olemassa olo?											
Mikä on ihmisen elämän tarkoitus?											
Onko ihmisellä vapaa tahto?											
Mitä pelastuminen tarkoittaa?											
Millä edellytyksillä ihminen voi pelastua?											
Tarvitaanko pelastumiseen uskoa?											
Tarvitaanko pelastumiseen parannusta?											
Miksi jumala sallii kärsimystä ja pahoja asioita?											
Onko persoonallinen paha (Saatana, Lusifer) olemassa?											
Jos Lusifer on olemass niin mikä on hänen alkuperänsä ja tarkoituksensa?											
Miten kirkkonne suhtautuu perhesuunnitteluun (ehkäisyyn)?											

	Myöhempien Aikijan Pyhien Jeesuksen Krisrtuksen Kirkko	Jehovantodistajat	Suomen Helluntaikirkko	Suomen Vapaakirkko	Suomen Metodistikirkko	Suomen Babtistikirkko	Pelsatusarmeija	Suomen evankelis-luterilainen kirkko	Suomen Anglikaaninen kirkko	Suomen Ortodoksinen kirkko	Katolinen kirkko
Onko abortti hyväksyttävissä joissakin olosuhteissa?											
Jos abortti on hyväksyttävissä niin millaisissa olosuhteissa?											
Miten kirkkonne suhtautuu esiaviollisiin sukupuolisuhteisiin?											
Miten kirkkonne suhtautuu samaa sukupuolta olevien avioliittoon?											
Onko ihmisellä kuoleman jälkeistä elämää											
Millaista on kuoleman jlkeinen elämä?											
MItä ihmiselle tapahtuu kuolemassa?											
Kaste											
Ehtoollinen											
Pappeus											
Yleistä											
YHTEENSÄ